Teologia da
Vida Religiosa Consagrada e novas comunidades

SÉRIE PRINCÍPIOS DE TEOLOGIA CATÓLICA

intersaberes

Teologia da
Vida Religiosa Consagrada e novas comunidades

Raquel de Fátima Colet
Ricardo Pereira Alves do Nascimento

Rua Clara Vendramin, 58 . Mossunguê
CEP 81200-170 . Curitiba . PR . Brasil
Fone: (41) 2106-4170
www.intersaberes.com
editora@intersaberes.com

Conselho editorial	Edição de texto
Dr. Alexandre Coutinho Pagliarini	Monique Francis Fagundes Gonçalves
Drª Elena Godoy	Palavra do Editor
Dr. Neri dos Santos	Capa e projeto gráfico
Mª Maria Lúcia Prado Sabatella	Iná Trigo (*design*)
Editora-chefe	Tatiana Kasyanova/Shutterstock (imagem)
Lindsay Azambuja	Diagramação
Gerente editorial	Estúdio Nótua
Ariadne Nunes Wenger	*Designer* responsável
Assistente editorial	Iná Trigo
Daniela Viroli Pereira Pinto	Iconografia
Preparação de originais	Maria Elisa Sonda
Arte e Texto Edição e Revisão de Textos	Regina Claudia Cruz Prestes

1ª edição, 2023.
Foi feito o depósito legal.

Informamos que é de inteira responsabilidade dos autores a emissão de conceitos.

Nenhuma parte desta publicação poderá ser reproduzida por qualquer meio ou forma sem a prévia autorização da Editora InterSaberes.

A violação dos direitos autorais é crime estabelecido na Lei n. 9.610/1998 e punido pelo art. 184 do Código Penal.

Dados Internacionais de Catalogação na Publicação (CIP)
(Câmara Brasileira do Livro, SP, Brasil)

Colet, Raquel de Fátima
 Teologia da vida religiosa consagrada e novas comunidades / Raquel de Fátima Colet, Ricardo Pereira Alves do Nascimento. -- Curitiba, PR : Editora Intersaberes, 2023. -- (Série princípios de teologia católica)

 Bibliografia.
 ISBN 978-85-227-0536-8

 1. Comunidades religiosas 2. Teologia – Estudo e ensino 3. Vida cristã I. Nascimento, Ricardo Pereira Alves do. II. Título. III. Série.

23-151860   CDD-230.07

Índices para catálogo sistemático:
1. Teologia : Estudo e ensino   230.07
 Eliane de Freitas Leite – Bibliotecária – CRB 8/8415

3   A vocação à santidade, 65

3.1   Fidelidade ao carisma, 68
3.2   Oração e ascese, 72
3.3   Uma confiança renovada, 76
3.4   Viver para os outros, 78
3.5   A vivência em fraternidade, 80

4   A missão da Vida Consagrada, 91

4.1   Consagrados para a missão, 94
4.2   Contribuição para a evangelização, 95
4.3   Anunciar Cristo aos povos, 96
4.4   A presença em todos os cantos da terra, 98
4.5   O anúncio de Cristo e a inculturação, 99

5   Os desafios da Vida Consagrada, 105

5.1   A fidelidade, 108
5.2   A formação permanente, 113
5.3   O desafio da liberdade na obediência, 118
5.4   A castidade consagrada, 122
5.5   O desafio da pobreza, 124

6   As novas comunidades de vida, 133

6.1   Um novo sopro do Espírito, 137

Considerações finais, 151
Lista de siglas, 155
Referências, 157
Bibliografia comentada, 163
Respostas, 165
Sobre os autores, 167

Apresentação, 7
Como aproveitar ao máximo este livro, 11
Introdução, 15

1   As fontes trinitárias e cristológicas da Vida Consagrada, 21

1.1   Os fundamentos evangélicos da Vida Consagrada, 24
1.2   O seguimento radical a Cristo, 28
1.3   A vocação: chamado da Trindade, 31
1.4   Os conselhos evangélicos: reflexo da vida trinitária, 34
1.5   Os consagrados para o Reino de Deus, 39

2   Uma eclesiologia da Vida Consagrada, 45

2.1   Dimensão pascal da Vida Consagrada, 48
2.2   A Vida Consagrada no mistério da Igreja, 51
2.3   Os vários estados de vida do cristão, 53
2.4   O valor especial da Vida Consagrada, 55
2.5   Testemunhas do Evangelho, 57

Apresentação

Esta obra trata de um tema sobre o qual muito se tem discorrido, seja pelo aprofundamento de seus princípios teológicos, seja no resgate histórico e na reflexão contextual sobre os elementos identitários. Ontem e hoje, a Vida Religiosa Consagrada (VRC) se distingue como um ideal de vida cujas referências, em geral, se apresentam como contraponto evangélico a muitas situações da conjuntura sociocultural em que a comunidade cristã está inserida. Os consagrados e consagradas são homens e mulheres que, na liberdade e no amor, assumem a vivência radical do seguimento de Jesus e, pessoal e comunitariamente, vão configurando suas vidas segundo esse propósito. Aos olhos de seus contemporâneos, são, para uns, heróis; para outros, loucos talvez. Para todos, contudo, a VRC desperta curiosidade e não passa de forma despercebida, embora, muitas vezes, seja entendida de maneira superficial e até fantasiosa.

A reflexão que aqui propomos traz uma dupla perspectiva que acompanha a percepção de seus autores: de um lado, evidencia um olhar a partir de dentro, de alguém que faz essa experiência existencial de consagração e, de outra parte, apresenta a visão de uma pessoa que cultiva a proximidade com a VRC, porém fazendo sua trajetória em outro estado de vida eclesial. Em razão disso, o texto expõe percepções que contemplam aspectos objetivos e vinculados à ciência teológica, mas não desconsidera a ótica subjetiva de seus autores que delineia os matizes que a reflexão assume. Nessa dinâmica, o livro quer dialogar com um grupo amplo de leitores, especialmente aqueles e aquelas que buscam entender mais a fundo a natureza e o propósito da VRC.

O caminho proposto com esta obra é um convite a conhecer a vida religiosa sem nos abstrairmos em conceitos distantes. Pelo contrário, ao olhar para o próprio cotidiano e sentir a realidade em que se habita, é possível perceber que viver implica a responsabilidade de responder a um chamado, na direção de fazer da história um caminho de encontros. A VRC ensina a toda a humanidade que é possível viver seu chamado, em cada potencialidade, vontade e sentido que encontramos, sem que se faça oposição ao mundo e aos problemas que tocam a sociedade, mas dando respostas com base no Evangelho.

Se há duas perguntas iniciais que podem inspirar o leitor nesta jornada pedagógica, elas seriam estas: Como o passado pode dar forças e forma a um futuro incerto e, ao mesmo tempo, oportuno à novidade para a VRC? Estando fora ou dentro da VRC, como compreender-se no mundo a partir de um chamado que nos passa e que nos transforma? São questões existenciais e, ao mesmo tempo, evangélicas!

Nos dois primeiros capítulos da obra, o leitor poderá compreender a história do nascimento da VRC partindo de suas bases teológicas, centradas na figura do Cristo e do modo como a Igreja e sua Tradição organizam em sua eclesiologia a vocação à VRC. Mais do que traçar uma linha do tempo ou citar documentos fundantes e essenciais para a vocação consagrada na Igreja, os capítulos visam apresentar a simplicidade do estilo de vida religioso, sua centralidade em viver o Evangelho em obediência, sem nada de próprio e em castidade.

No terceiro capítulo, discorremos sobre o convite à santidade que envolve a VRC, por meio da fidelidade ao carisma, da fraternidade, da vida de oração e da resposta diária ao primeiro chamado. Mais adiante, no quarto capítulo, buscamos caminhar nos passos dos povos e das culturas, compreendendo a VRC como vida que se doa à humanidade e, por isso, é missionária. Desse modo, o capítulo ressalta, com vigor e de maneira mais ampla, que todo consagrado é chamado à missão, a pisar na terra das realidades dos povos, a passar por vidas, a profetizar e ser presença na vida dos mais necessitados e excluídos, como Cristo o foi.

O quinto capítulo trata dos desafios da VRC no mundo e em sua própria natureza. Como toda forma de vida de entrega em resposta a um chamado, os consagrados têm muitos desafios, que podem ser também oportunidades para ressignificar a história, tomar novas decisões, ou seja, colocar-se em abertura com Deus e com o mundo e ter uma vida de constante inquietude, para não somente viver, mas viver com significado.

No último capítulo da obra, ocupamo-nos, de forma muito introdutória, de um dos temas que exigem maior atenção quando falamos da VRC: as novas comunidades de vida e de aliança. Com o surgimento recente de novas organizações e estruturas dentro da VRC, é necessário traçar as características, as dificuldades, as belezas e as problemáticas que envolvem essa novidade na vida da Igreja. O capítulo se apresenta desde o início como um grande convite a cada um para localizar esses novos movimentos e fazer o exercício de pensar e sentir essa tensão entre coisas novas e velhas, entre o passado se atualizando no presente e o futuro nos chamando a mudanças radicais. Resta-nos saber onde estão os limites, se é que temos um limite no horizonte da VRC.

Como aproveitar ao máximo este livro

$\mathcal{E}$mpregamos nesta obra recursos que visam enriquecer seu aprendizado, facilitar a compreensão dos conteúdos e tornar a leitura mais dinâmica. Conheça a seguir cada uma dessas ferramentas e saiba como estão distribuídas no decorrer deste livro para bem aproveitá-las.

Introdução do capítulo

Logo na abertura do capítulo, você é informado a respeito dos conteúdos que nele serão abordados, bem como dos objetivos que o autor pretende alcançar.

Para refletir

Cada comunidade religiosa tem uma história particular e intuiu um caminho original de doação total a Deus. Cada carisma é uma manifestação do Espírito orientada para o bem comum (1Cor 12,7) e uma busca efetiva de vivência das bem-aventuranças (Lc 6, 20-49).

1.2 O seguimento radical a Cristo

Vimos anteriormente que o que singulariza a Vida Consagrada é a radicalidade na vivência do seguimento de Jesus Cristo conforme proposto pelo Evangelho e que esta é sua norma última (Paulo VI, 1965b, PC, n. 2). É nessa regra suprema que estão arraigadas a diversidade dos carismas e as formas de vivência da consagração, de modo que "Não se pode antepor nada à centralidade do seguimento radical de Cristo" (Congregação para os Institutos de Vida Consagrada e as Sociedades de Vida Apostólica, 2014, n. 19). Esse princípio foi afirmado pelo Concílio ao pontuar que o seguimento de Cristo é a norma última e a regra suprema da Vida Consagrada, bem como um princípio central em seu processo de renovação (Paulo VI, 1965b, PC, n. 2). A vocação consagrada é, portanto, genuinamente cristocêntrica.

Contudo, se em qualquer estado de vida cristã o seguimento de Cristo deve ser a experiência basilar da pessoa batizada, o que diferencia essa forma de seguir Jesus preconizada pelos consagrados e consagradas? A prerrogativa da Vida Consagrada na Igreja é a de imitar mais de perto e representar "aquela forma de vida que o Filho de Deus assumiu ao entrar no mundo para cumprir a vontade do Pai, e por Ele

---

Para refletir

Aqui propomos reflexões dirigidas com base na leitura de excertos de obras dos principais autores comentados neste livro.

A profecia, o dinamismo pulsante do coração do Reino, é também a "nota característica da vida consagrada" e a marca de sua radicalidade evangélica (Francisco, 2014).

Efetivamente, o anúncio do Reino ecoa na presença profética das pessoas e comunidades consagradas nas situações do humano, da cultura e da sociedade em que a vida é ferida e a dignidade humana vulnerabilizada. Se no tempo de Jesus a proximidade do Reino se revelou na experiência da cura dos males que oprimem as pessoas (Mt 12,28; 9,35), a proximidade do Reino já presente entre nós (Lc 17,21) é comunicada pela presença curadora e cuidadora dos seguidores e seguidoras de Jesus.

Indicações culturais

GERALDO, D. As formas de Vida Consagrada como dom do Espírito Santo à Igreja. Revista de Cultura Teológica, v. 19, n. 74, p. 87-109, abr./jun. 2011. Disponível em: <https://revistas.pucsp.br/index.php/culturateo/article/view/15344/11460>. Acesso em: 25 jan. 2023.

Uma das características da Vida Consagrada é sua pluralidade de expressões. O artigo do teólogo Denison Geraldo apresenta, em linhas gerais, como essas formas carismáticas são organizadas e reconhecidas canonicamente.

Síntese

Neste capítulo, ocupamo-nos em discorrer acerca das fontes trinitárias e cristológicas da Vida Religiosa Consagrada (VRC). Para isso, o percurso assumido contemplou uma revisita às origens desse estilo de vida eclesial oriundo dos primeiros séculos da Era Cristã, particularmente ligado à experiência dos Padres do Deserto. Nessa dinâmica

---

Indicações culturais

Para ampliar seu repertório, indicamos conteúdos de diferentes naturezas que ensejam a reflexão sobre os assuntos estudados e contribuem para seu processo de aprendizagem.

Síntese

Ao final de cada capítulo, relacionamos as principais informações nele abordadas a fim de que você avalie as conclusões a que chegou, confirmando-as ou redefinindo-as.

Atividades de autoavaliação

Apresentamos estas questões objetivas para que você verifique o grau de assimilação dos conceitos examinados, motivando-se a progredir em seus estudos.

d) à dimensão profética que marca a radicalidade evangélica.
e) à participação das pessoas consagradas na vida da sociedade e da cultura.
f) aos projetos de propagação da fé cristã historicamente assumidos pela VRC no mundo todo.

Atividades de aprendizagem

Questões para reflexão

1. Considerando que os conselhos evangélicos de pobreza, castidade e obediência constituem um dinamismo do Evangelho a cuja vivência é chamada toda a comunidade cristã, identifique sete situações do cotidiano em que eles se apresentam.

2. O que significa hoje, diante do contexto atual, colocar o anúncio do Reino de Deus como centro e horizonte da presença cristã no mundo?

Atividade aplicada à prática

1. Olhando para a sua rede de relações e contatos, para os espaços sociais, culturais e eclesiais que você frequenta, quais são as expressões de Vida Religiosa Consagrada (VRC) que você conhece? Se você é consagrado, qual é sua percepção de si mesmo nesses espaços? Se você não é consagrado, como você percebe que as pessoas consagradas são reconhecidas? Que referência é feita a elas? Se possível, estabeleça um diálogo com uma pessoa consagrada sobre essas percepções.

⌐ Atividades de aprendizagem

Aqui apresentamos questões que aproximam conhecimentos teóricos e práticos a fim de que você analise criticamente determinado assunto.

⌐ Bibliografia comentada

KEARNS, L. *Teologia da Obediência Religiosa*. Aparecida, SP: Santuário, 2002.
KEARNS, L. *Teologia da Vida Consagrada*. 7. ed. Aparecida, SP: Santuário, 1999.
KEARNS, L. *Teologia da Vida da Castidade*. Aparecida, SP: Santuário, 2004.
KEARNS, L. *Teologia da Vida de Pobreza*. Aparecida, SP: Santuário, 2003.
Esse conjunto de livros que apresenta uma reflexão sobre a particularidade sobre a Vida Religiosa Consagrada no contexto pós-conciliar por Leonardo Kearns (o autor é consagrado). Sua questão chave, em cada livro, ela apresenta pistas da teologia da Vida Consagrada a cada um de seus lugares de modo a oferecer pistas a vivência dos conselhos evangélicos.

⌐ Bibliografia comentada

Nesta seção, comentamos algumas obras de referência para o estudo dos temas examinados ao longo do livro.

Introdução

Entre os fiéis católicos, muitos homens e mulheres ao longo dos séculos sentiram-se chamados a uma vivência singular de seu Batismo no seguimento de Cristo. Na acolhida generosa do apelo de Deus e sob a ação do Espírito, buscaram e buscam configurar suas vidas à radicalidade dos ensinamentos do Mestre Jesus, expressa pela vivência da Boa-Nova do Reino, traduzida nos conselhos evangélicos de pobreza, castidade e obediência.

Surgida no primeiro milênio por meio da experiência dos Padres do Deserto, a Vida Consagrada ou Vida Religiosa Consagrada (VRC) apresenta-se sob uma multiplicidade de formas históricas, cujas identidades originárias são marcadas por carismas fundacionais. Vinculado à experiência espiritual e apostólica de pessoas designadas como fundadores e fundadoras, o surgimento de diferentes congregações ou ordens, Sociedades de Vida Apostólica e Institutos Seculares, bem como expressões de consagração de perfil individual, inaugurou uma forma inédita e singular de ser cristão e cristã. No mundo contemporâneo, por sua vez, vemos surgir novas e renovadas formas desse ideal de vida.

A essência da experiência dos primeiros séculos e que está no cerne da VRC é a vivência do que foi denominado por eles de *Primado do Absoluto*, que, para a pessoa consagrada, define-se como a dedicação total e única a Deus (Kearns, 1999). Assim, como parte integrante do Povo de Deus, a VRC é reconhecida, na Exortação Apostólica Pós-Sinodal *Vita Consecrata*, como um dom à Igreja e uma realidade situada em seu coração (João Paulo II, 1996, VC, n. 3). Suas formas históricas podem ser comparadas aos ramos de uma única árvore "que assenta as suas raízes no Evangelho e produz frutos abundantes em cada estação da Igreja" (João Paulo II, 1996, VC, n. 5).

Partindo desse vínculo intrinsecamente espiritual e eclesiológico, o objetivo desta obra é tecer uma releitura teológica sobre e por meio da VRC tradicional, ou seja, voltada às expressões que remetem à Igreja do primeiro milênio, bem como acenando para a novidade nesse campo expressa pelas chamadas *novas comunidades*.

Esse percurso passa necessariamente pela revisita ao espírito renovador do Concílio Vaticano II (1962-1965) e à sua teologia. A importância desse concílio é paradigmática, pois moveu a Vida Consagrada a um retorno às suas raízes fundacionais, redescobrindo sua identidade e missão eclesial (Kearns, 1999). No quadro dos documentos conciliares, a VRC está abordada de forma particular em um capítulo próprio em um de seus principais documentos, a Constituição Dogmática *Lumem Gentium* (Paulo VI, 1964, LG, capítulo VII), e como tema central do decreto *Perfectae Caritatis*. Esse último documento se ocupa de maneira singular dos princípios e dimensões envolvidos no processo de renovação da Vida Religiosa a que se propôs a experiência conciliar e que, por meio dela, continuamente se apresenta como uma tarefa em vias de permanente realização.

Dessa forma, uma leitura adequada do tema nos motiva a um olhar apurado sobre o caráter dinâmico da história. Assim, se no período pré-conciliar era evidenciada uma experiência de VRC firmada em um ideal restrito de santidade e perfeição, orientado por uma rigorosa observância de um conjunto de regras e normas, ao convocar as Congregações e Ordens para um processo de refundação, o Vaticano II buscou criar condições para uma abordagem diferenciada, que também se debruçou sobre as contradições e os limites que acompanhavam esse modelo tradicional de consagração. É importante ressaltar que a tarefa conciliar não objetivou invalidar a trajetória da VRC até então. Pelo contrário, propôs-se a uma revisita das experiências originárias que suscitaram as diferentes identidades carismáticas na Igreja e no mundo em vista da fidelidade criativa desses carismas na realidade atual.

Nesse sentido, nosso propósito é justamente situar esse modo singular de ser cristão e cristã no horizonte de uma eclesiologia de comunhão, radicada na vocação comum à santidade de todas as pessoas batizadas. Este é, aliás, um dos aspectos centrais do referido concílio: a santidade é assumida como um dom universal à Igreja radicado no sacramento do Batismo, ou seja, porque batizados, somos chamados todos a sermos pessoas santas (Paulo VI, 1964, LG, capítulo V). Desse modo, supera-se a noção da existência de um estado único de perfeição na Igreja – no caso, as pessoas consagradas – e recupera-se o entendimento de perfeição não como desprendimento do mundo, mas como exercício da caridade (Balsan, 2019). Coloca-se, assim, a pergunta sobre o diferencial que acompanha o caminho de santidade empreendido pelas mulheres e pelos homens que se consagram a Deus.

Decorrente deste, outro aspecto modelador da renovação da VRC foi o entendimento e o compromisso com um caminho de santidade trilhado paulatinamente na busca de configurar radicalmente a própria vida à pessoa e ao projeto de Jesus. Torna-se preciso, então, rever a rota, pois "a vida perfeita não pode ser a meta de quem quer ser religioso", de modo que "o estado de santidade na vida consagrada deve ser o resultado de algo mais profundo" (Kearns, 1999, p. 12, grifo do original). A experiência eremítica e monástica originária foi, historicamente, sendo transformada em novas formas de vivência da consagração. Não obstante os desafios, essas mudanças são acompanhadas pelo desejo de uma fidelidade sempre renovada ao chamado de Deus. Assim, a identidade e a missão da VRC, comunicadas na pluralidade de carismas e estilos de vida, são expressão da criatividade fecunda do Espírito Santo, que estende suas raízes e frutifica na comunhão eclesial.

Consideradas essas premissas, a descrição e o aprofundamento dos elementos que constituem uma Teologia da Vida Consagrada envolvem aspectos que permeiam sua identidade e sua missão, à luz da Tradição cristã e mediante a releitura evangélica do contexto atual.

Para isso, convidamos o leitor e a leitora a um alargamento do olhar, superando a tentação de abordagens anacrônicas ou reducionistas. Infelizmente, ainda observamos no imaginário popular e no senso comum uma imagem estereotipada das pessoas consagradas. Da mesma forma, há também o risco de olhar de modo limitado para os consagrados, vendo-os como pessoas marcadas pela renúncia, e não por escolhas de vida feitas na liberdade, na alegria e no amor.

No contato com a literatura sobre a Vida Consagrada, encontramos relatos que versam, sobretudo, sobre duas perspectivas: de um lado, uma aclamação efusiva da dignidade e da importância dela no seio da Igreja e do mundo; de outro, uma (pre)ocupação exaustiva em relação às mudanças de cenário que se colocam especialmente nas últimas décadas. Por uma leitura feita a partir de dentro, é consenso afirmar que a VRC tem passado ou está passando por processos de crise, perceptível em situações como a diminuição de membros, a necessidade de reconfiguração de suas estruturas organizacionais, as exigências do diálogo e a interação com a sociedade contemporânea. Apesar das questões objetivas que acompanham essa crise e que estão relacionadas à complexidade do mundo globalizado, é oportuno considerar que o elemento central dessa crise não é externo, mas toca uma dimensão identitária do ser consagrado. Como indicado por Kearns (1999, p. 9), "há uma crise porque existiu, e ainda existe, uma visão tradicional da identidade da vida consagrada na Igreja que já não corresponde aos estudos mais recentes sobre a origem histórica da vida consagrada". No interior da Vida Consagrada convivem, em percursos correlatos, um saudosismo de uma situação ideal de tempos idos, sobretudo numérica e estrutural – com o desejo, por vezes inconsciente, de um retorno a esse *status* –, e o impulso por assumir com coragem autênticos processos de renovação que revisitem e recoloquem os elementos essenciais que compõem o ser e o agir consagrados no mundo de hoje. É uma tensão criativa e desafiante que acompanha a VRC atual de seu desejo de fidelidade ao Absoluto que é Deus, nos percursos instáveis da realidade que a cerca.

Sem a intenção de tecer um panegírico da VRC, esta obra visa apresentar a uma abordagem propositiva do tema. Isso implica explicitar os princípios identitários fundamentais desse modo específico de viver a fé cristã. De outra parte, entendemos que, não obstante as experiências históricas e especialmente consolidadas, falamos de uma identidade em permanente construção. Essa tessitura contínua, entretanto, não é um indicativo de volatilidade ou superficialidade, e sim acompanha o propósito de fidelidade à intuição originária do ser consagrado. Metodologicamente, orienta-nos nesse percurso o pensamento do Magistério da Igreja, particularmente os elementos indicados nos documentos conciliares *Lumen Gentium* (1964), *Perfectae Caritatis* (1965) e a Exortação Apostólica Pós-Sinodal *Vita Consecrata* (1996), bem como documentos e mensagens vinculados a organismos da Vida Consagrada e seus comentadores.

1
As fontes trinitárias e cristológicas da Vida Consagrada

Raquel de Fátima Colet

Este primeiro capítulo tem como objetivo apresentar os fundamentos teológicos da Vida Religiosa Consagrada (VRC). Esse itinerário parte do pressuposto de que a consagração é, *per se*, uma experiência que se radica na fé professada e testemunhada pela comunidade cristã, no interior da qual alguns discípulos e discípulas se reconhecem chamados a uma vivência evangélica singular. A tarefa a que nos propomos compreende, em primeiro momento, uma revisita à iluminação bíblica e à trajetória histórica da VRC ao longo dos séculos. Após esse resgate da memória, é possível identificar elementos basilares de sua identidade e missão, tais como a radicalidade no seguimento de Jesus como regra suprema do ser consagrado, a dimensão trinitária dessa vocação, a vivência dos conselhos evangélicos de pobreza, castidade e obediência, bem como um olhar sobre a VRC na perspectiva do Reino de Deus.

1.1 Os fundamentos evangélicos da Vida Consagrada

Ao revisitar a experiência dos Padres do Deserto, um aspecto ressignificado pela renovação conciliar foi a pergunta com relação à base bíblica da Vida Consagrada, cuja fundação foi, ao longo dos séculos, atribuída a Jesus no contexto do Novo Testamento, especialmente em referência à vivência dos conselhos evangélicos. A figura de Cristo como pobre, casto e obediente plasmou, inclusive, uma supervalorização desse estado de vida em relação aos outros.

Contudo, a atualização teológica e os estudos bíblicos permitiram observar que o florescimento da VRC se deu somente no quarto século. Nesse período, os Padres não se ocuparam em identificar Cristo como fundador do estado de vida que inauguraram na Igreja. Aliás, foi o contexto eclesial da época, dado em torno do Edito de Milão (ano 312), que moveu um grupo de cristãos a intuir novas buscas de radicalidade evangélica. O decreto do imperador Constantino, que estabeleceu a liberdade religiosa e cessou o período das perseguições aos cristãos, trouxe consequências à vida eclesial, especialmente em relação ao esfriamento da profecia da fé, até então vivamente testemunhada pelos mártires.

Distinguindo-se da ênfase de pastoralidade contemporânea, Oliveira (2013, p. 56) fala da profecia e da liminalidade como traços da VRC em suas origens: no início, a preocupação não está no fazer pastoral, mas em "encontrar um modo radical de interpelar o cristianismo que começava a adotar para si os esquemas e estilos de vida do império, afastando-se do Evangelho". Como considerado por Kearns (1999), em sua origem, a VRC não teve a intenção de introduzir novas estruturas na Igreja, mas compreendeu um movimento de pessoas que, numa perspectiva de fuga do mundo – ou daquele mundo de contradições em que a Igreja estava envolta –, buscaram o deserto e viram, aos poucos, crescer em torno de si um coletivo de pessoas que compartilhavam de seus ideais de radicalidade evangélica. A experiência eremítica e, posteriormente, da comunidade monástica teve como pano de fundo essa conjuntura marcadamente eclesial.

> Os Padres do deserto nunca disseram que essa coisa "nova" tivesse sido instituída por Jesus Cristo nos tempos bíblicos. Sua origem estava numa situação eclesial, isto é, na falta de seriedade na vivência da fé na sociedade, e no desejo de viver o batismo de forma mais radical. Com esse fundo histórico, podemos entender o que sempre foi o ser ou a essência da vida consagrada segundo os primeiros religiosos na Igreja. (Kearns, 1999, p. 18)

A ausência de uma fundação bíblica não indica, contudo, a impossibilidade ou a inexistência de uma leitura da VRC sob as lentes da Sagrada Escritura. Pelo contrário, se a vivência da consagração está radicada na Revelação comunicada de modo singular nas páginas vivas da Bíblia, cuja centralidade está na pessoa e na missão do Filho de Deus por ela apresentado, a Vida Consagrada encontra seu fundamento na experiência da comunidade apostólica em torno de Jesus. Ao considerarmos que as Escrituras, especialmente os Evangelhos, têm o intuito de "proclamar e apresentar Jesus de Nazaré como o enviado, o escolhido, o ungido de Deus – ou seja, o Cristo" (Rautmann, 2019, p. 25), depreendemos que o caminho de seguimento do Mestre envolve um mergulho existencial nas páginas da Boa-Nova.

> O fundamento evangélico da vida consagrada há de ser procurado naquela relação especial que Jesus, durante a sua existência terrena, estabeleceu com alguns dos seus discípulos, convidando-os não só a acolherem o Reino de Deus na sua vida, mas também a

colocarem a própria existência ao serviço desta causa, deixando tudo e imitando mais de perto a sua **forma de vida**. (João Paulo II, 1996, VC, n. 14, grifo do original)

Ao longo dos séculos, a experiência consagrada foi sendo vivida mediante um conjunto diversificado de formas históricas que, como dons à Igreja de Cristo, foram por ela acompanhadas e canonicamente reconhecidas. Algumas com história milenar, outras germinadas em tempos recentes, outras reconfiguradas em suas estruturas e outras já não mais existentes por razões diversas, porém todas manifestando por seus carismas próprios um aspecto singular da adesão ao Evangelho de Jesus e do serviço à Igreja. Para as mulheres e os homens identificados como fundadores e fundadoras, "a regra em absoluto foi o Evangelho; qualquer outra regra pretendia apenas ser expressão do Evangelho e instrumento para o viver em plenitude" (Francisco, 2014).

Orientada para a comunhão, essa diversidade "é sinal da ilimitada ação do Espírito Santo que suscita onde e como deseja novas formas de apostolado e de dedicação ao próximo, no vínculo permanente com a Igreja" e como resposta "às necessidades de cada época, por meio de uma criativa obediência ao Espírito Santo" (Geraldo, 2011, p. 94).

Objetivamente, essas formas históricas são canonicamente identificadas por meio de características singulares que se relacionam ao caminho espiritual, à organização e à presença missionária. Na Exortação Apostólica Pós-Sinodal *Vita Consecrata* (João Paulo II, 1996), citam-se: a) a vida monástica, presente no Oriente e no Ocidente, oriunda dos primeiros séculos da Igreja; b) a Ordem das virgens, os eremitas e as viúvas, expressões de consagração pessoal que, na inserção no mundo ou no afastamento exterior dele, são sinais do Reino e testemunho de serviço à Igreja; c) os institutos de vida contemplativa, expressão de pleno enraizamento no Evangelho, no silêncio e na oração contínua; d) a vida religiosa apostólica em suas diversas famílias, que envolve

Ordens Mendicantes, Cônegos Regulares e Congregações Religiosas masculinas e femininas, todas dedicadas ao apostolado missionário e às obras de caridade cristã; e) os Institutos Seculares, expressão de caráter mais recente formada por homens e mulheres que optam por viver sua consagração no mundo por meio da profissão dos conselhos evangélicos; f) as Sociedades de Vida Apostólica, também chamadas de *sociedades de vida comum*, tanto masculinas como femininas, que vivem por um estilo próprio seu propósito apostólico e missionário; g) as novas ou renovadas formas de Vida Consagrada surgidas, sobretudo, no período pós-conciliar mediante novos estímulos espirituais e apostólicos (João Paulo II, 1996, VC, n. 6-12).

O Código de Direito Canônico (CNBB, 1983, Cân. 573-746), por sua vez, dedica toda a terceira parte do Livro II para os Institutos de Vida Consagrada e Sociedades de Vida Apostólica, indicando aspectos de reconhecimento e legislação eclesiástica. Não obstante o dinamismo dos carismas que não se restringem às normatizações jurídicas como estado estável de vivência cristã, a VRC é regida por um conjunto de princípios que, ao mesmo tempo que assegura as particularidades de cada uma de suas formas, estabelece um percurso comum no horizonte da comunhão eclesial.

Essa percepção da pluralidade das expressões é extremamente salutar para uma compreensão apropriada da VRC, haja vista que o senso comum tende a homogeneizar tais experiências singulares, quando não as reveste de um caráter fantasioso e descontextualizado. Nas origens de cada comunidade religiosa "está presente a ação de Deus que, no seu Espírito, chama algumas pessoas para seguirem de perto a Cristo, traduzirem o Evangelho numa forma particular de vida, lerem com os olhos da fé os sinais dos tempos, responderem criativamente às necessidades da Igreja" (Francisco, 2014).

> **Para refletir**
>
> Cada comunidade religiosa tem uma história particular e intuiu um caminho original de doação total a Deus. Cada carisma é uma manifestação do Espírito orientada para o bem comum (1Cor 12,7) e uma busca efetiva de vivência das bem-aventuranças (Lc 6, 20-49).

1.2 O seguimento radical a Cristo

Vimos anteriormente que o que singulariza a Vida Consagrada é a radicalidade na vivência do seguimento de Jesus Cristo conforme proposto pelo Evangelho e que esta é sua norma última (Paulo VI, 1965b, PC, n. 2). É nessa regra suprema que estão arraigadas a diversidade dos carismas e as formas de vivência da consagração, de modo que "Não se pode antepor nada à centralidade do seguimento radical de Cristo" (Congregação para os Institutos de Vida Consagrada e as Sociedades de Vida Apostólica, 2014, n. 19). Esse princípio foi afirmado pelo Concílio ao pontuar que o seguimento de Cristo é a norma última e a regra suprema da Vida Consagrada, bem como um princípio central em seu processo de renovação (Paulo VI, 1965b, PC, n. 2). A vocação consagrada é, portanto, genuinamente cristocêntrica.

Contudo, se em qualquer estado da vida cristã o seguimento de Cristo deve ser a experiência basilar da pessoa batizada, o que diferencia essa forma de seguir Jesus preconizada pelos consagrados e consagradas? A prerrogativa da Vida Consagrada na Igreja é a de imitar mais de perto e representar "aquela forma de vida que o Filho de Deus assumiu ao entrar no mundo para cumprir a vontade do Pai, e por Ele foi proposta aos discípulos que O seguiam" (Paulo VI, 1964, LG, n. 44).

Inspirados pelo modo como seus fundadores e fundadoras seguiram o Mestre, as pessoas consagradas são chamadas a apresentar ao mundo

> o fascínio da pessoa do Senhor Jesus e a beleza do dom total de si à causa do Evangelho. Portanto, a tarefa primária de todos os consagrados e consagradas é propor corajosamente, pela palavra e pelo exemplo, o ideal do seguimento de Cristo, amparando depois a resposta aos impulsos do Espírito no coração dos chamados. (João Paulo II, 1996, VC, n. 64, grifo do original)

A pergunta consequente que se coloca é, então, o que podemos entender por *seguimento de Jesus*? Em primeiro lugar, é importante falarmos de uma experiência pessoal, de um encontro amoroso com alguém que nos precede na iniciativa do amor e do convite para segui-Lo. Como expresso pelo Papa Bento XVI, ser cristão não é "uma decisão ética ou uma grande ideia, mas o encontro com um acontecimento, com uma Pessoa que dá à vida um novo horizonte e, desta forma, o rumo decisivo" (Bento XVI, 2005, n. 1).

Para refletir

Seguir Jesus significa participar com Ele de sua relação de amor e comunhão com o Pai, no Espírito. "É dele o primado do amor. O seguimento é somente resposta de amor ao amor de Deus. Se nós amamos é porque Ele nos amou primeiro (cf. 1 Jo 4, 10.19)" (Congregação para os Institutos de Vida Consagrada e as Sociedades de Vida Apostólica, 2002, n. 22).

Rememorando as origens, os Padres do Deserto encontraram no Filho de Deus o modelo de vivência do Primado do Absoluto e dos princípios evangélicos. Descobriram igualmente o modo singular como Cristo chamou os seus discípulos: "todos foram convidados a viver em intimidade com ele, e todos foram convidados a viver com todo o coração os dois grandes mandamentos do Antigo e do Novo Testamento" (Kearns, 1999, p. 65). Amar a Deus acima de todas as coisas (Dt 6,5; Js 22,5; Mt 22,36ss) e ao próximo como a si mesmo e do mesmo modo como Jesus amou (Mc 12,31; Jo 13,34; Jo 15,12.17; 1Jo 4,20ss) é o convite por excelência a ser vivido no seguimento de Jesus.

Nessa dinâmica de seguimento, é importante ressaltar elementos contextuais da época do Jesus histórico e da comunidade apostólica, que nos indicam matizes próprias do modelo de seguimento proposto por Jesus e que foram assumidas pela Vida Consagrada. O perfil de seguimento proposto por Cristo apresenta continuidades e descontinuidades do modelo de rabinato judaico vigente em sua época. Conforme relata Kearns (2019, p. 158), "com a comunidade dos Doze Apóstolos, Jesus inaugurou um novo modelo de rabinato em que o seguimento a ele não estava voltado à perfeição da observância da Lei em si, mas na vivência perfeita e radical do mandamento de amor a Deus e à pessoa próxima".

Como os rabinos judeus, Jesus se colocou como "Rabi" e chamou os Doze para estar com Ele. Ao proferir o convite "siga-me" (Mt 4,18-22; Mc 1,16-20; Lc 5,10), Jesus propôs a eles uma experiência de proximidade e aprendizado que implicou uma adesão na liberdade – "vinde e vede" (Jo 1,38).

Em contrapartida, o seguimento de Jesus apresentou elementos distintos do rabinato judeu. Kearns (2019) destaca especialmente dois aspectos: a) a meta, dado que, para Jesus, o que importa sobremaneira não é a observância da lei pela lei, mas o **espírito** e a **motivação** que acompanham esse cumprimento (Mt 5,20; 16,6-12; Lc 6,2-11; 11,39-53); b) a finalidade, visto que, ao contrário do rabinato judaico, em que o horizonte do discípulo era tornar-se mestre, no seguimento de Jesus, o discípulo será sempre discípulo, seguidor permanente do

Mestre numa relação de intimidade profunda e aprendente com Ele. É esse modelo de seguimento que a VRC se propõe a assumir sob a perspectiva da radicalidade.

1.3 A vocação: chamado da Trindade

O entendimento da vocação consagrada – aliás, da vocação cristã como um todo – só tem sentido se assumido na perspectiva do dom. A VRC é "como sinal para o Povo de Deus no cumprimento da comum vocação cristã e manifestação da graça do Senhor Ressuscitado e poder do Espírito Santo que opera maravilhas na Igreja" (Congregação para os Institutos de Vida Consagrada e as Sociedades de Vida Apostólica, 2014, p. 18). Se "a origem da missão da Igreja encontra-se no mistério trinitário", sendo ela "participante do amor incondicional de Deus-Trindade" e, assim, "chamada a difundir esse amor a toda a humanidade" (Oliveira, 2013, p. 38), as vocações específicas da Igreja, entre elas a Vida Consagrada, participam desse vínculo originário comum.

> A Santíssima Trindade realiza com seu amor, sua bondade e sua beleza o encanto pela vida consagrada. Como consequência, a primeira tarefa da vida consagrada é tornar visível a maravilha que Deus realiza na fragilidade das pessoas chamadas a este estado de vida. O reconhecimento da ação de Deus na criatura que se consagra a Ele suscita a admiração do mundo. (Geraldo, 2011, p. 93)

A entrega da pessoa consagrada a Deus e ao seu desígnio de salvação (1Cor 7,32-34) contempla "uma iniciativa total do Pai (cf. Jo 15,16), que requer daqueles que escolhe uma resposta de dedicação plena e exclusiva" (João Paulo II, 1996, VC, n. 17). Como "caminho que conduz ao Pai (cf. Jo 14,6)", Jesus chama aqueles e aquelas que seu Abbá lhe confiou (Jo 17,9) para uma experiência de "seguimento que dá orientação" às suas existências (João Paulo II, 1996, VC, n. 18). A obra do Espírito, por sua vez, revela-se no desejo de uma resposta decisiva, o que envolve seu crescimento, amadurecimento e fiel realização. É a Divina Ruah "que forma e plasma o espírito dos que são chamados, configurando-os a Cristo casto, pobre e obediente, e impelindo-os a assumirem a sua missão" (João Paulo II, 1996, VC, n. 19).

A presença da Trindade na vocação consagrada também se comunica na vivência dos conselhos evangélicos, que são um dom do Deus Triuno. "A vida consagrada é anúncio daquilo que o Pai, pelo Filho no Espírito, realiza com o seu amor, a sua bondade, a sua beleza"; ela "torna-se um dos rastos concretos que a Trindade deixa na história, para que os homens possam sentir o encanto e a saudade da beleza divina" (João Paulo II, 1996, VC, n. 20).

A Trindade é igualmente a referência para a vivência comunitária das pessoas consagradas. Sendo o amor trinitário "baseado na capacidade de sair de si para doar-se aos outros membros da Trindade" (Kearns, 2019, p. 113), a Comunidade Perfeita é pedagoga do amor fraterno e sororal a que se dispõe a VRC. Como dom do Espírito, a compreensão da comunidade religiosa não pode ser dar "sem partir do fato de ela ser dom do Alto, de seu mistério e de seu radicar-se no coração mesmo da Trindade santa e santificante, que a quer como parte do mistério da Igreja, para a vida do mundo" (Congregação para os Institutos de Vida Consagrada e as Sociedades de Vida Apostólica, 1994, n. 8).

Para refletir

A vocação radicada no amor trinitário ressoa no impulso missionário e apostólico de amor-serviço à humanidade e à Criação.

O chamado à intimidade comunional acolhido pela pessoa e pela comunidade consagradas move à comunhão ampliada, à fraternidade universal (Congregação para os Institutos de Vida Consagrada e as Sociedades de Vida Apostólica, 1994, n. 9). Esse princípio teológico é sensível e traduzido em forma orante na prece ecumênica que conclui a Carta Encíclica *Fratelli Tutti*:

> Deus nosso, Trindade de amor,
> a partir da poderosa comunhão da vossa intimidade divina
> infundi no meio de nós o rio do amor fraterno. [...]
> Mostrai-nos a vossa beleza
> refletida em todos os povos da terra,
> para descobrirmos que todos são importantes,
> que todos são necessários, que são rostos diferentes
> da mesma humanidade amada por Deus. (Francisco, 2020a, FT, n. 287)

Assim, a missão consagrada, vivida pelas congregações de vida ativa ou contemplativa, emana desse movimento de amor doado, que não se basta a si mesmo e transborda em presença oblativa. "A comunidade religiosa integra a própria natureza da Trindade na vida religiosa, expressando o amor por meio de serviços assumidos individual e comunitariamente. O serviço apostólico na vida consagrada é uma profecia do amor trinitário" (Kearns, 2019, p. 115). A *koinonia*[1] das três Pessoas divinas é o alicerce sobre o qual se constrói uma autêntica mística do encontro, que se traduz em capacidade de escuta mútua e de procura conjunta de um caminho para a experiência relacional (Francisco, 2014).

---

[1] *Koinonia* é um termo de origem grega e que é comumente traduzido como "comunhão" (do latim, *communio*). Na teologia católica, a *koinonia* é uma dimensão constitutiva do ser da Igreja, que tem como referência a Santíssima Trindade.

1.4 Os conselhos evangélicos: reflexo da vida trinitária

O ensino conciliar refere-se aos conselhos evangélicos de "castidade consagrada a Deus, de pobreza e de obediência" como um dom divino que a Igreja recebe do Senhor e, pela ação da graça, sempre conserva (Paulo VI, 1964, LG, n. 43). Como expressão "do dom de si mesmo por amor do Senhor Jesus e, n'Ele, por amor de cada membro da família humana", a profissão dos conselhos evangélicos "é **parte integrante da vida da Igreja**, à qual presta um impulso precioso em ordem a uma coerência evangélica cada vez maior" (João Paulo II, 1996, VC, n. 3, grifo do original). Ela se coloca como "um sinal que pode e deve atrair eficazmente todos os membros da Igreja a corresponderem animosamente às exigências da vocação cristã (Paulo VI, 1964, LG, n. 44).

Sob esse olhar, constata-se que a vivência dos conselhos evangélicos não corresponde a uma prerrogativa única da Vida Consagrada, mas são dinamismos que emanam do Evangelho, a cuja vivência são convidados todos os cristãos e cristãs. As diferentes formas históricas de assumi-los não mudam sua substância (João Paulo II, 1996, VC, n. 3), de modo que a maneira como o fazem as pessoas consagradas contempla singularidades vinculadas ao mesmo princípio evangélico.

Uma primeira consideração é situá-los no horizonte do seguimento radical ao Mestre: "Os conselhos evangélicos, pelos quais Cristo convida alguns a partilharem a sua experiência de pessoa virgem, pobre e obediente, requerem e manifestam, em quem acolhe o convite, **o desejo explícito de conformação total com Ele**" (João Paulo II, 1996, VC, n. 18, grifo do original). Eles se apresentam como "uma radicalidade particular de imitação de Cristo" (Congregação para os Institutos de Vida Consagrada e as Sociedades de Vida Apostólica, 2014, n. 20), e seu sentido está no contributo em "guardar e a favorecer o amor pelo Senhor em plena docilidade à sua vontade" (Congregação para os Institutos de Vida Consagrada e as Sociedades de Vida Apostólica, 2002, n. 22).

Tal radicalidade constitui-se em testemunho para todas as pessoas na vivência da vocação cristã.

Para refletir

Ao professar os conselhos evangélicos, a pessoa consagrada "não só faz de Cristo o sentido da própria vida, mas preocupa-se por reproduzir em si mesmo, na medida do possível, aquela forma de vida que o Filho de Deus assumiu ao entrar no mundo" (João Paulo II, 1996, VC, n. 16).

A VRC se converte, assim,

> em testemunha do Deus da vida em uma realidade que relativiza seu valor (obediência), é testemunha de liberdade frente ao mercado e às riquezas que valorizam as pessoas pelo ter (pobreza), e é testemunha de uma entrega no amor radical e livre a Deus e à humanidade frente à erotização e banalização das relações (castidade). (Celam, 2008, DA, n. 219)

Como prevê o Código de Direito Canônico (CNBB, 1983, Cân. 598), é da competência de cada instituto, de acordo com sua finalidade e índole, definir o modo como os conselhos evangélicos são observados. Também de acordo com as particularidades canônicas de cada instituto, os conselhos evangélicos constituem o conteúdo dos chamados *votos*. Depois das devidas etapas preparatórias, com a profissão solene, pública e perpétua dos votos feita pelos institutos religiosos ou, de forma diferenciada, de caráter privado, simples e renovável, como estabelecida por algumas Sociedades de Vida Apostólica, a emissão dos votos constitui uma ratificação do compromisso da pessoa consagrada com Cristo na vivência dos conselhos evangélicos. Ela é a reafirmação do dom total a Deus, no seguimento radical a Cristo pela força do Espírito.

É importante, entretanto, considerar que os votos não são a finalidade da consagração. Como expresso por Kearns (1999, p. 21, grifo do original), eles são "**meios principais para viver o Primado do Absoluto**, e não o ser da vida consagrada"; eles ajudam "a viver a mesma opção de Cristo, seu desejo de amar o Pai com todo o seu coração, o que constitui o ser da vida consagrada".

Outro aspecto a ser destacado é a importância de um olhar integrador sobre a vivência dos conselhos evangélicos como uma promessa/voto livre, consciente e amorosa em resposta à generosidade do amor da Trindade. No senso comum, muitas vezes a compreensão dos votos é permeada por um olhar com o foco na privação ou na renúncia que eles implicam. Diante do questionamento sobre aspectos da vida dos consagrados e das consagradas, é comum a resposta partir da negatividade: são pessoas que não podem ter posses, não podem ter relações afetivas ou casar, não podem ter vontade própria. Essa visão distorce o sentido profundo dos conselhos evangélicos, exigindo um heroísmo estéril das pessoas consagradas. Ser pobre, casto e obediente não tem a ver com negação ou privação das experiências que constituem a natureza humana, mas com um percurso integrador da pessoa e suas relações. A escolha sempre precede a renúncia, e ambas são assumidas sob o signo do amor.

Esse pensamento é indicado pelo ensino do Vaticano II, quando salienta que

> a profissão dos conselhos evangélicos, ainda que importa a renúncia a bens de grande valor, não se opõe, contudo, ao verdadeiro desenvolvimento da pessoa humana, mas antes a favorece

> grandemente. Na verdade, os conselhos evangélicos, assumidos livremente segundo a vocação pessoal de cada um, contribuem muito para a pureza de coração e liberdade de espírito, alimentam continuamente o fervor da caridade e, sobretudo, como bem o demonstra o exemplo de tantos santos fundadores, podem levar o cristão a conformar-se mais plenamente com o género de vida virginal e pobre que Cristo Nosso Senhor escolheu para Si e a Virgem Sua mãe abraçou. (Paulo VI, 1964, LG, n. 46)

Aliás, um dos frutos conciliares em relação ao tema foi dar uma perspectiva mais humanizadora à vivência dos votos, o que contribuiu para o aprofundamento espiritual e a profecia de cada voto (Kearns, 2019).

Ao mesmo tempo que implicam um movimento pessoal da pessoa consagrada, os votos encerram uma mensagem profética à Igreja e à sociedade. Para Oliveira (2013), eles a traduzem diretamente vinculada com a existência humana; correspondem a um posicionamento diante do poder, do ter e do querer; do nosso relacionamento com os outros, com as coisas e com nós mesmos. Por essa razão os votos são os elementos da VRC que mais falam diretamente às pessoas e os quais mais expressam o significado da missão (Oliveira, 2013).

O caminho da **pobreza evangélica** é a configuração com o Cristo pobre, Aquele que "tudo recebe do Pai e no amor tudo Lhe devolve" (João Paulo, 1996, VC, n. 16). É a atitude do desapego dos bens que orienta para o reconhecimento e a dependência amorosa do supremo Bem, Cristo, que, sendo rico, fez-se pobre para nos enriquecer com sua pobreza (2Cor 8,9). Ela é a confissão de que Deus é a única riqueza do ser humano (João Paulo, 1996, VC, n. 21). A teologia desse voto se enraíza no "valor evangélico da dependência alegre de Deus e na partilha alegre dos dons, que vêm de Deus, com os outros" (Kearns, 2019, p. 134). Ela é "o cultivo profundo ao apreço pelas pessoas e pela criação. Ela é dom para todas as pessoas que querem entrar na dinâmica do seguimento de Cristo" (Oliveira, 2013, p. 78-79). Concretamente traduzida na relação sóbria, responsável e sustentável com os bens, a pobreza é expressão do despojamento interior, bem como expressão profética de solidariedade e busca pela justiça em relação às múltiplas formas de pobreza que afetam a humanidade e a criação.

A **castidade no celibato**, assumida por amor ao Reino e como sinal dele, é a dilatação do coração para o amor indiviso. Ela exprime "a tensão de um coração insatisfeito com todo o amor finito" (João Paulo II, 1996, VC, n. 36) e constitui um "reflexo do **amor infinito** que une as três Pessoas divinas na profundidade misteriosa da vida trinitária" (VC, 21, grifo do original). É a expressão da fidelidade mútua entre Cristo e a pessoa consagrada; é a paixão por Cristo; "é a **beleza** que se comunica e se transforma em força missionária que atrai e fascina"; não é limitação, renúncia afetiva ou castração, mas "uma opção que liberta a pessoa para um modo diferente de amar em profundidade" (Oliveira, 2013, p. 75, 78, grifo do original).

A **obediência** em seguimento a Cristo obediente, cujo alimento era fazer a vontade do Pai (Jo 4,34), "é a atitude de escuta amorosa que permite aos consagrados e às consagradas perceber a vontade de Deus em determinado momento e lugar da história" (Oliveira, 2013, p. 84). É "plena oblação da própria vontade como sacrifício de si mesmos a Deus" que, "longe de diminuir a dignidade da pessoa humana, leva-a à maturidade, aumentando a liberdade dos filhos de Deus" (Paulo VI, 1965b, PC, n. 14). Ao assumi-la, a pessoa consagrada "livremente quer fazer um dom de algo que pertence somente a ele. E a coisa mais profunda e sagrada que possuímos é nossa vontade livre de nos consagrarmos **a Deus em um ato livre e motivado pelo amor**" (Kearns, 2019, p. 141, grifo do original). No testemunho de Jesus, a consagração obediente contempla o despojamento de Cristo, que, "tomando a condição de servo", fez-se obediente até a morte de cruz (João Paulo II, 1996,

VC, 22). A obediência não é subserviência a determinada pessoa que exerce uma função de autoridade-serviço, e sim uma atitude de fé dedicada a Deus que quer contar com a participação humana como instrumento para a busca conjunta de Sua vontade.

1.5 Os consagrados para o Reino de Deus

Os recentes estudos cristológicos têm nos ajudado a recuperar e aprofundar a centralidade do Reino de Deus na vivência cristã. A ampla citação dessa categoria no Novo Testamento, especialmente nos Evangelhos, permite-nos identificar o Reino como o centro de toda a atividade apostólica de Jesus:

> É o anúncio e o envolvimento com o Reino de Deus que se tornam a causa principal da vida de Jesus e aquilo que o domina completamente. Ele anseia para que o reino seja implantado, junto com a vida, a justiça e a paz. Não se preocupa em ensinar uma doutrina, um comportamento moral, mas quer dar a boa notícia da instauração do reino de Deus. (Rautmann, 2019, p. 89)

É preciso, contudo, desconectar a compreensão de *reino* do imaginário ligado a uma forma de governo monárquica, organizada em torno da figura de um monarca real e envolvendo as estruturas que sustentam essa forma de poder centralizador. Embora esteja presente nas narrativas e mentalidades de alguns cristãos contemporâneos, fruto de uma construção simbólica e teológica de outros séculos, essa visão, além de reducionista, é incompatível com o entendimento de *Reino* que emerge do Evangelho.

O Reino de Deus é, assim, a manifestação do senhorio de amor de Deus, cuja consumação se dará na realidade escatológica e atemporal (Mt 13,43; Mt 25,31-32; 1Cor 15,25-26), mas já se faz presente na história pela pessoa e pela pregação do Filho de Deus (Mt 4,23; 9,35; Mc 1,15), sendo continuada pela comunidade de seus discípulos e discípulas. Dessa herança e vocação ao anúncio profético participa também a VRC: "Cada consagrado é por vocação um evangelizador do reino. É profeta do reino. É continuador messiânico de Jesus. A intimidade com o mestre automaticamente desemboca em missão, carisma, serviço. É uma continuação visível de Cristo profeta, que veio para servir e não ser servido" (Kearns, 2019, p. 162).

Desse modo, sendo o Reino de Deus a categoria paradigmática que orienta a experiência de discipulado da comunidade de Jesus, a trajetória da VRC passa, necessariamente, pela adesão amorosa e profética à dinâmica do Reino. A Vida Consagrada é "**memória viva da forma de existir e atuar de Jesus,** como Verbo encarnado face ao Pai e aos irmãos" (João Paulo II, 1996, VC, 22, grifo do original).

Para refletir

Os consagrados e consagradas são arautos da proximidade do Reino de Deus, traduzido em vida em abundância para todos e todas (Jo 10,10).

A profecia, o dinamismo pulsante do coração do Reino, é também a "nota característica da vida consagrada" e a marca de sua radicalidade evangélica (Francisco, 2014).

Efetivamente, o anúncio do Reino ecoa na presença profética das pessoas e comunidades consagradas nas situações do humano, da cultura e da sociedade em que a vida é ferida e a dignidade humana vulnerabilizada. Se no tempo de Jesus a proximidade do Reino se revelou na experiência da cura dos males que oprimem as pessoas (Mt 12,28; 9,35), a proximidade do Reino já presente entre nós (Lc 17,21) é comunicada pela presença curadora e cuidadora dos seguidores e seguidoras de Jesus.

Indicações culturais

>GERALDO, D. As formas de Vida Consagrada como dom do Espírito Santo à Igreja. **Revista de Cultura Teológica**, v. 19, n. 74, p. 87-109, abr./jun. 2011. Disponível em: <https://revistas.pucsp.br/index.php/culturateo/article/view/15344/11460>. Acesso em: 25 jan. 2023.
>Uma das características da Vida Consagrada é sua pluralidade de expressões. O artigo do teólogo Denilson Geraldo apresenta, em linhas gerais, como essas formas carismáticas são organizadas e reconhecidas canonicamente.

Síntese

Neste capítulo, ocupamo-nos em discorrer acerca das fontes trinitárias e cristológicas da Vida Religiosa Consagrada (VRC). Para isso, o percurso assumido contemplou uma revisita às origens desse estilo de vida eclesial oriundo dos primeiros séculos da Era Cristã, particularmente ligado à experiência dos Padres do Deserto. Nessa dinâmica histórica, enfatizamos a relevância do Concílio Vaticano II no processo de renovação da VRC, evento que dá base para fundamentar os demais pontos abordados na reflexão, especialmente o seguimento de Cristo como regra por excelência do ser consagrado, cuja vocação brota de um chamado da Trindade Santa e que move à vivência de amor-serviço à humanidade. Esse compromisso de doação é assumido pela vivência dos conselhos evangélicos de pobreza, castidade e obediência como dinamismos e meios para que a pessoa consagrada configure sua própria existência à pessoa de Jesus. Como Ele, que assumiu o projeto do Pai como seu, a VRC também se reconhece enviada a testemunhar profeticamente o Reino de Deus nos tempos e lugares em que se encontra.

Atividades de autoavaliação

1. Sobre os fundamentos evangélicos da Vida Religiosa Consagrada (VRC), podemos afirmar:
    a) A fundação da Vida Consagrada se deu com Jesus a partir do chamado dos apóstolos durante a vida pública de Jesus e, posteriormente, com a fundação das comunidades cristãs.
    b) A VRC já surgiu com uma multiplicidade de formas em sua origem, seguida por seu reconhecimento nas estruturas eclesiásticas.
    c) A raiz evangélica da VRC vincula-se aos critérios que levaram ao reconhecimento eclesiástico dos carismas na história.
    d) A Vida Consagrada como caminho singular de seguimento de Jesus surgiu nos primeiros séculos como um desejo genuíno de fidelidade radical ao Evangelho.
    e) Nenhuma das alternativas anteriores está correta.

2. Comparado ao modelo de rabinato judaico de sua época, a experiência de discipulado proposta por Jesus tem como diferencial:
    a) a finalidade e a meta.
    b) a condição social dos seguidores.
    c) o modo de transmissão da Lei judaica.
    d) a pedagogia do acompanhamento.
    e) as exigências éticas.

3. Sobre a Vida Religiosa Consagrada (VRC), como vocação que emana da Trindade, podemos afirmar:
   a) É testemunho visível do amor trinitário.
   b) Assume os conselhos evangélicos como dons do Deus Triuno.
   c) Orienta a dinâmica da vida fraterna na comunhão da Comunidade Perfeita.
   d) Alicerça a missão e o apostolado da profecia do amor da Trindade.
   e) Todas as alternativas anteriores estão corretas.

4. Acerca dos conselhos evangélicos de castidade, pobreza e obediência tal como assumidos pela Vida Religiosa Consagrada (VRC), podemos afirmar:
   a) Correspondem à razão de ser da pessoa consagrada e de sua missão.
   b) São qualitativamente mais importantes que a vivência desses conselhos pelos demais membros da comunidade cristã.
   c) Constituem-se em sinal e testemunho de radicalidade no seguimento de Cristo que enriquece todo o Povo de Deus.
   d) Situam-se como o horizonte e a finalidade da formação da VRC.
   e) Constituem-se em dinamismos da vida cristã assumidos somente pelas pessoas consagradas.

5. O elemento que distingue a participação da Vida Religiosa Consagrada (VRC) no anúncio do Reino de Deus como elemento central da vivência cristã corresponde:
   a) às obras de apostolado e missão.
   b) à relevância da vida espiritual.
   c) à dimensão profética que marca a radicalidade evangélica.
   d) à participação das pessoas consagradas na vida da sociedade e da cultura.
   e) aos projetos de propagação da fé cristã historicamente assumidos pela VRC no mundo todo.

Atividades de aprendizagem

Questões para reflexão

1. Considerando que os conselhos evangélicos de pobreza, castidade e obediência constituem um dinamismo do Evangelho a cuja vivência é chamada toda a comunidade cristã, identifique sete situações do cotidiano em que eles se apresentam.

2. O que significa hoje, diante do contexto atual, colocar o anúncio do Reino de Deus como centro e horizonte da presença cristã no mundo?

Atividade aplicada: prática

1. Olhando para a sua rede de relações e contatos, para os espaços sociais, culturais e eclesiais que você frequenta, quais são as expressões de Vida Religiosa Consagrada (VRC) que você conhece? Se você é consagrado, qual é sua percepção de si mesmo nesses espaços? Se você não é consagrado, como você percebe que as pessoas consagradas são reconhecidas? Que referência é feita a elas? Se possível, estabeleça um diálogo com uma pessoa consagrada sobre essas percepções.

2
Uma eclesiologia da Vida Consagrada

Ricardo Pereira Alves do Nascimento

Compreender o valor fundamental da Vida Religiosa Consagrada (VRC) para a vida da Igreja é considerar as raízes históricas e espirituais que orientam o chamado para viver a radicalidade do Evangelho. Não se trata de uma outra eclesiologia, mas daquela que nos conduz ao profundo sentido do mistério pascal, encarnado no dia a dia. É importante entender por *eclesiologia* o esforço humano de, partindo da fé, compreender a Igreja como instrumento de Cristo para a evangelização dos povos. Isso significa que precisamos adentrar no sentido de se pertencer à Igreja, estar em comunhão com a fé e com os valores.

Com o Concílio Vaticano II, a Igreja passou a se compreender como povo de Deus, algo profundamente íntimo e fundamentalmente bíblico, uma vez que as primeiras comunidades cristãs se viam como essa comunidade que caminha nos passos de Jesus. Sendo o centro da comunhão entre os fiéis o Batismo, em que todos nos tornamos povo de Deus, a forma como se vive esse Batismo se dá de diferentes maneiras, ministérios e carismas – tal como a VRC. Outro elemento muito importante nesse modo de entender a Igreja como povo de Deus é a participação dos leigos e leigas no projeto eclesial e na missão apostólica no mundo, visto que é por intermédio deles que acontecem as transformações sociais, por meio da política, da família, da economia e da cultura. O que fazemos neste capítulo não esgota os entendimentos acerca da eclesiologia da Igreja, mas apresenta um povo comprometido e enviado à missão.

2.1 Dimensão pascal da Vida Consagrada

Sendo a VRC uma experiência especial de configuração a Cristo e ao seu projeto, sua existência está condicionada à centralidade do mistério pascal, ou seja, à adesão à relação simbiótica entre cruz e ressurreição que emerge do memorial da Páscoa.

Cícero (106 a.C.-43 a.C.), ao olhar o suplício da condenação romana da crucificação, define-o como *"crudelissimum taeterrimumque supplicium"* (Cícero, 1935, p. 165), o que podemos traduzir como "um suplício vergonhoso e terrível". De fato, Jesus morre como um homem vergonhosamente despido de qualquer poder e autoridade, abandonado por seus companheiros e concidadãos e terrivelmente torturado na cruz – "escândalo para os judeus e loucura para os gentios" (1Cor 1,18.23).

Para aqueles que seguiam o Messias em sua peregrinação pela Palestina no século I e tiveram sua esperança aniquilada quando Ele foi condenado e morto pela autoridades políticas e religiosas daquele tempo, a ressurreição "é, precisamente, o acontecimento que os arrancou de sua perplexidade e frustração, transformando pela raiz sua adesão a Jesus" (Pagola, 2010, p. 495). O modo como o Mestre se entrega livremente já não é visto como resignação e fracasso, mas a prova de que o maior amor é dar a vida pelos amigos (Jo 15,13).

Para refletir

A vida do Filho de Deus é movida pelo amor incondicional do Pai à toda a humanidade. Ressuscitado, Cristo anunciou um sinal de salvação: "Quem se voltava para o sinal era salvo, não pelo que via, mas graças a ti, o Salvador de todos" (Sb 16,7).

Quando um símbolo de sofrimento se torna o sinal de esperança e salvação, abre-se a maior possibilidade da vida humana: renascer para uma nova vida. O Papa Francisco nos diz que o maior anúncio da Páscoa é que "É possível recomeçar sempre, porque há sempre uma vida nova que Deus é capaz de fazer partir de novo em nós, para além de todos os nossos fracassos" (Martins, 2021).

Nesse sentido, a VRC testemunha com seu próprio ser que "nós conhecemos ainda dias de prova e sofrimento, mas com a ressurreição de Jesus amanheceu o 'terceiro dia'" (Pagola, 2010, p. 493).

Assim, em meio às cruzes e aos sinais de morte de cada tempo e lugar, a pessoa consagrada é chamada a fazer de sua própria existência um farol de esperança, apontando para a soberania da ressurreição.

Ao aceitarem o convite do Mestre para anunciarem o Reino de Deus e "colocarem a própria existência ao serviço desta causa, deixando tudo e imitando mais de perto a sua **forma de vida**" (João Paulo II, 1996, VC, n. 14, grifo do original), as pessoas consagradas têm por compromisso tornar o seu ser um farol de esperança no mundo, sendo provas vivas do poder transformador da ressurreição, de entrega, amor e esperança. Isso porque a vida consagrada

> confessa, com a sua fidelidade ao mistério da Cruz, que crê e vive do amor do Pai, do Filho e do Espírito Santo. Deste modo, ela contribui para manter viva na Igreja a consciência de que a **Cruz é a superabundância do amor de Deus que transborda sobre este mundo**, ela é o grande sinal da presença salvífica de Cristo" (João Paulo II, 1996, VC, n. 24, grifo do original)

Aqui, vemos a força incontornável do amor que anima a Vida Consagrada. É o amor à missão, às pessoas, às causas, à Igreja e a Deus que leva a pessoa consagrada a entender sua vocação e viver por e pelo amor, mesmo com as dificuldades e limitações humanas.

Esse amor pascal não é estático e paralisado, mas dinâmico e servical. Contrariando as antigas regras sociais de relacionamento entre servos e patrões, Jesus se agacha perante seus amigos no Cenáculo e lava os pés deles, antes de sua paixão. É doação total, sinal de amor e serviço. Tanto a cruz como o lava-pés significam a entrega generosa de amor e, por isso, entoam-se as palavras de Jesus nesses dois momentos solícitos: "Pai, perdoa-lhes" (Lc 23,24) e "Se Eu, o Senhor e o Mestre, lavei os vossos pés, também vós deveis lavar os pés uns dos outros" (Jo 13,14). O perdão e a entrega manifestam a presença de Jesus em nosso meio e simbolizam seu amor. Não só para o religioso, mas para toda a humanidade, seguir a Cristo é poder amar, na dor e na alegria.

2.2 A Vida Consagrada no mistério da Igreja

Precisamos retornar a 1996 para entender a relação entre o mistério da Igreja e a Vida Consagrada. Em 25 de março de 1996, João Paulo II publicou a Exortação Apostólica *Vita Consecrata*, que foi fruto da IX Assembleia dos Bispos, realizada em 1994. Na ocasião, a VRC foi entendida como elemento decisivo da missão da Igreja, pois ela nasce de seu coração. Encontramos na exortação: "a vida consagrada, presente na Igreja desde os primeiros tempos, nunca poderá faltar nela, enquanto seu elemento imprescindível e qualificativo, expressão da sua própria natureza" (João Paulo II, 1996, VC, n. 29). Cristo chama a segui-Lo, e a resposta dada por Pedro na Transfiguração é o objetivo de todo batizado – ao sentir a presença do Sagrado, dizer: "É bom estarmos aqui" (Mt 17,4).

Nas palavras do Papa Francisco (2020b, grifo do original): "**Saber ver a graça** é o ponto de partida" da VRC. A graça é saber ver os mistérios de Deus acontecendo na história da humanidade, na vida dos homens e das mulheres em suas comunidades, nos apelos e sentidos de um mundo possível e, por isso, misterioso.

Para refletir

A graça e o mistério contemplam a dimensão da vida com Deus, inibindo o individualismo do impulso próprio e dos egoísmos que geram e promovem uma vida vazia de sentido: por isso, a vida consagrada brota da experiência de comunidade.

O mistério da Trindade é a fonte para a vivência da comunidade, oportunidade de experimentar no outro, em outra vida e história, o amor e a generosidade de Deus.

No Catecismo da Igreja Católica – CIC (1993, n. 926) encontramos a ideia de que a VRC é "um dom que a Igreja recebe do seu Senhor, e que oferece, como um estado de vida estável, ao fiel chamado por Deus à profissão dos conselhos". Assim, é a atualização da linguagem de Deus num tempo e espaço histórico, dentro de um projeto de vida.

Esse projeto de vida situa-se na dimensão da profecia, na vocação do profeta de denunciar os causos do mundo e anunciar uma mensagem de vida e justiça. Diz o Papa Francisco (2014) na ocasião do Ano da Vida Consagrada: "O profeta recebe de Deus a capacidade de perscrutar a história em que vive e interpretar os acontecimentos: é como uma sentinela que vigia durante a noite e sabe quando chega a aurora (cf. *Is* 21,11-12)".

A Igreja é uma comunidade unida pelo Batismo e singularmente busca ser sinal da face de Deus na vida dos povos. O mistério do Batismo é a profissão primeira do religioso consagrado: viver a fé em Cristo, em sua Igreja e em comunhão com os irmãos. Mas qual é o modo de fazê-lo? Haveria um jeito único de seguimento? A resposta é simples: a VRC é sempre um convite à pluralidade das manifestações dos carismas e dos mistérios do Sagrado. Como um dom de Deus à humanidade, é viver os valores da caridade, da verdade e da justiça já aqui na terra, fazendo do Evangelho a empreitada da transformação do mundo.

De certa forma, a VRC também foi se descobrindo ao longo de sua história. Começou com a eremitagem em sua mais erma e solitária vida de contemplação e, posteriormente, passou a ser comunitária e guiada por acordos e regras. Guiou-se pela tendência das reformas e passou a se caracterizar pelo estilo de vida dos Cônegos Regulares, o que possibilitou o surgimento das Ordens Mendicantes, das Congregações Religiosas e dos Institutos Seculares. Cada tempo com seu chamamento e sinal fez da VRC um catalisador de cientistas, filósofos, poetas, escritores, músicos, místicos e santos.

Por meio dos trabalhos na educação, na caridade e no cuidado com os doentes, pobres e aflitos, os religiosos sempre protagonizaram e desbravaram as promoções de paz e justiça pelo mundo, em um radical e verdadeiro seguimento do Evangelho. Se são sinais, é porque são testemunhas do mistério existencial de Cristo e da Igreja, como nos diz o Papa Paulo VI na *Evangelli Nuntiandi*: "O homem contemporâneo escuta com melhor boa vontade as testemunhas do que os mestres [...] ou então se escuta os mestres, é porque eles são testemunhas" (Paulo VI, 1975, EN, n. 41).

2.3 Os vários estados de vida do cristão

Todos os cristãos são chamados pelo Batismo a encontrar sua vocação no mundo e na Igreja. A vocação é o chamado de Deus a viver seu amor e sua generosidade numa missão. Cada pessoa se encontra em suas missões – porque são sempre dinâmicas e atualizadas no tempo – e vive seu carisma e mistério. É certo que cada pessoa tem a liberdade de escolha e se realiza na medida em que escuta o apelo de Deus em sua vida:

> Todos os fiéis, em virtude da sua regeneração em Cristo, compartilham a mesma dignidade; todos são chamados à santidade; todos cooperam para a edificação do único Corpo de Cristo, cada

qual segundo a própria vocação e o dom recebido do Espírito (cf. *Rm* 12,3-8). A dignidade igual entre todos os membros da Igreja é obra do Espírito, está fundada no Batismo e na Confirmação e é corroborada pela Eucaristia. Mas é também obra do Espírito a multiplicidade de formas. É Ele que faz da Igreja uma comunhão orgânica na sua diversidade de vocações, carismas e ministérios. (João Paulo II, 1996, VC, n. 31)

Entendemos a missão dos vocacionados de acordo com a Exortação *Vita Consecrata*, de João Paulo II (1996, VC, n. 31):

- **Missão dos leigos**: "aos quais compete 'procurar o Reino de Deus, tratando das realidades temporais e ordenando-as segundo Deus' –, é fundamento adequado a consagração baptismal e crismal, comum a todos os membros do Povo de Deus".

- **Missão dos ministros ordenados**: "continuar no tempo o ministério apostólico" após a ordenação sacerdotal.

- **Missão dos religiosos consagrados**: "recebem uma nova e especial consagração que, apesar de não ser sacramental, as compromete a assumirem – no celibato, na pobreza e na obediência – a forma de vida praticada pessoalmente por Jesus, e por Ele proposta aos discípulos".

Mais recentemente, o Papa Francisco, na Exortação Apostólica Pós-Sinodal *Christus Vivit* (Cristo Vive), apresentou-nos os passos da vocação de todo cristão, que compreendem três momentos: a escuta, o discernimento e a decisão. Assim devem ser os passos de todo cristão em busca de seu lugar no mundo, bem como da Igreja, como aquela que escuta a voz de Deus, matura suas respostas e diz um sim confiante.

2.4 O valor especial da Vida Consagrada

A vocação é a escuta de um chamado. Não é talento nem inclinação. É a escuta de Deus que diz: "Vem e segue-me". Para se manter viva e não se tornar estéril, a vocação precisa estar em contato direto com a realidade. Narra-se que o jovem Francisco de Assis, em sua experiência de conversão, encontra-se com um leproso, vê suas mazelas e imperfeições naquele homem e identifica o próprio Cristo enfermo, miserável e excluído. Ali está sua experiência de Deus, que o faz afirmar: "E o Senhor mesmo me conduziu entre eles e eu tive misericórdia com eles" (Fontes..., 2004, p. 188).

O valor especial da VRC é experienciar o Sagrado nos lugares mais aterrados de vida e desconcerto. O próprio Cristo andou entre os pecadores, acolhendo e semeando paz e justiça. O religioso é convidado a viver como Cristo viveu, ser sua imagem e semelhança num mundo quase sempre desajustado. Como afirmou Bento XVI na Jornada Mundial da Vida Religiosa, em 2 de fevereiro de 2013,

> Por sua própria natureza, a vida consagrada é peregrinação do espírito, em busca de um Rosto, que às vezes se manifesta e às vezes se oculta. *Faciem tuam, Domine, requiram* (*Sl* 26,8). Seja este o anelo constante em vosso coração, o critério fundamental que orienta vosso caminhar, tanto nos pequenos passos cotidianos como nas decisões mais importantes. (Benedicto XVI, 2013, tradução nossa)[1]

---

1 "Por su naturaleza, la vida consagrada es peregrinación del espíritu, en busca de un Rostro, que a veces se manifiesta y a veces se vela: 'Faciem tuam, Domine, requiram' (*Sl* 26,8). Que éste sea el anhelo constante de vuestro corazón, el criterio fundamental que orienta vuestro camino, tanto en los pequeños pasos cotidianos como en las decisiones más importantes".

Na vida da Igreja, as comunidades religiosas refletem o modo de viver como Cristo viveu. "A vida consagrada anuncia e de certo modo antecipa o tempo futuro, quando, alcançada a plenitude daquele Reino dos céus que agora está presente apenas em gérmen e no mistério, os filhos da ressurreição não tomarão esposa nem marido, mas serão como anjos de Deus (cf. *Mt* 22,30)" (João Paulo II, 1996, VC, n. 32). Esse anúncio do Reino, como encontramos na *Vita Consecrata*, acontece por muitos caminhos:

> Os religiosos e religiosas **dedicados integralmente à contemplação** são, de modo especial, imagem de Cristo em oração sobre o monte. As pessoas consagradas de **vida ativa** manifestam Jesus "anunciando às multidões o Reino de Deus, curando os doentes e feridos, trazendo os pecadores à conversão, abençoando as criancinhas e fazendo bem a todos". Um particular serviço ao advento do Reino de Deus, prestam-no às pessoas consagradas nos **Institutos Seculares**, que unem, numa síntese específica, o valor da consagração com o da secularidade. (João Paulo II, 1996, VC, n. 32, grifo do original)

Esse é o verdadeiro chamado de todo o povo de Deus: ser sinal de esperança ao mundo por meio de um estilo de vida sincero e original, que dê sentido à vida e esteja sempre a serviço dos próximos. Para fazer o bem, é necessária uma imersão nas realidades e na própria vida, não buscando a clareza de sempre estar bem como religioso ou religiosa, ou mesmo achando que não haverá crises e dificuldades, mas sobrevivendo às peripécias do caminho, entendendo que viver implica doação e entrega e que o bem se faz aos poucos, no ritmo da vida e em comunhão com Deus, com a natureza e com as pessoas.

2.5 Testemunhas do Evangelho

Nos Atos dos Apóstolos, narra-se: "recebereis poder ao descer sobre vós o Espírito Santo, e sereis minhas testemunhas tanto em Jerusalém, como em toda a Judeia e Samaria, e até os confins da terra" (At 1,8). A palavra *testemunha* é a tradução para a palavra grega *mártyr*. O mártir é aquele ser humano capaz de dar a vida, em todas as suas dimensões, para a causa e a verdade que defende. Nesse sentido, testemunhar é ser verdadeiramente fiel ao chamado que recebeu e anunciar com todas as forças a vida, a verdade e a justiça que emanam da figura do Cristo. Esse poder que aparece na escritura é o *dynamis*, palavra grega que quer dizer "força", "energia", "vitalidade para fazer algo". Aquele que testemunha também tem essa vitalidade.

> Deste modo, a vida consagrada suscita continuamente, na consciência do Povo de Deus, a exigência de responder com a santidade de vida ao amor de Deus derramado nos corações pelo Espírito Santo (cf. *Rm* 5,5), refletindo na conduta a consagração sacramental realizada por ação de Deus no Batismo, na Confirmação, ou na Ordem. Na verdade, é preciso que da santidade comunicada nos sacramentos se passe à santidade da vida quotidiana. A vida consagrada existe na Igreja precisamente para se pôr ao serviço da consagração da vida de todo o fiel, leigo ou clérigo. (João Paulo II, 1996, VC, n. 33)

A VRC é, por excelência, testemunha do Evangelho, da ressurreição e da companhia misericordiosa de Jesus. Não é nas obras extraordinárias que se testemunham a fé e o compromisso do religioso, mas na vida cotidiana, nas ações diárias e na relação constante que mantém com o outro, com Deus e com a sua interioridade.

Indicações culturais

MENSAJE del Papa Francisco para la 50 Semana Nacional para Institutos de Vida Consagrada. **Religión Digital**, 17 maio 2021. 7 min. Disponível em: <https://www.youtube.com/watch?v=ROI5gWFCHjQ>. Acesso em: 25 jan. 2023.

Francisco recorda que o religioso participa eclesialmente do compromisso sincero e direto com o mundo em que vive. Também menciona que não podemos ter medo de nossos desafios: "Não tenham medo dos limites! Não tenham medo das fronteiras! Não tenham medo das periferias!".

Síntese

No desenvolvimento deste capítulo, abordamos a eclesiologia da Vida Religiosa Consagrada (VRC) como convite a ser povo de Deus e caminhar com a Igreja. Partimos da dimensão pascal da VRC, centralizada na figura de Jesus Cristo e de sua entrega para se fazer cumprir o projeto de salvação e vida nova da humanidade. Tendo em vista o amor incondicional, a cruz dá espaço à ressurreição e torna-se elemento não de dor e sofrimento, mas de futuro e esperança. Assim também é o caminho da Vida Consagrada: transformar e ser transformada pelo amor, pelo serviço e pela missão. Sabendo-se ver os sinais dos tempos, é necessário também testemunhar as graças e percorrer alternativas de vida menos centralizadas no poder, no dinheiro e fechadas nos egoísmos que muitos sistemas, principalmente econômicos, apregoam ser a salvação. A salvação para o religioso e a religiosa é a graça de encontrar o rosto de Cristo, doravante presente nos mais afligidos pelas cruzes da existência. No final do capítulo, buscamos estabelecer alguns estilos, por assim dizer, da presença religiosa na Igreja, seja como leigos, seja como ministros ordenados, seja como religiosos consagrados, todos com um valor especial e importante para que a Igreja continue sendo povo, e povo de Deus.

Atividades de autoavaliação

1. Sobre a dimensão pascal da Vida Religiosa Consagrada (VRC), podemos afirmar:
    a) É a relação estabelecida entre os diversos estilos de VRC e sua missão no mundo, orientada pelos dogmas da Igreja e seu magistério, mas sem relação com os evangelhos pascais.
    b) Orienta as comunidades religiosas para que vivam o mistério pascal de forma individual, em seus conventos, mosteiros e casas. Sendo apenas um rito celebrado anualmente, o mistério pascal não precisa ser o pilar fundador da VRC.
    c) Tendo como maior referência o testemunho pascal de Jesus, sua morte e ressurreição, o religioso é convidado a ser farol de esperança no mundo, compreendendo suas dores e seus sofrimentos e trabalhando para que todas as pessoas façam a experiência de amor e de ressurreição.
    d) Os carismas da VRC não nascem necessariamente da experiência pascal de Jesus, mas da intuição de um fundador.
    e) Todas as alternativas anteriores estão corretas.

2. Qual é a relação entres os votos religiosos (pobreza, castidade e obediência) e a dimensão pascal da Vida Religiosa Consagrada (VRC)?

   a) Serve como matéria de formação ou disciplina obrigatória para todo candidato à VRC.

   b) Os votos de pobreza, castidade e obediência não têm nenhuma relação direta com a dimensão pascal da VRC, visto que os votos religiosos se referem necessariamente às regras de seus estatutos.

   c) O Deus da vida faz da VRC uma testemunha do amor nas realidades mais deslocadas de esperança, na escuta às necessidades; apresenta a liberdade das posses e dos poderes ante um mundo valorado pelas ganâncias; e coloca-nos em jogo com relações livres e potentes, mas sem erotizá-las ou manipulá-las.

   d) O Deus da vida faz da VRC uma testemunha do amor nas realidades mais deslocadas de esperança, na escuta às necessidades; apresenta a liberdade das posses e dos poderes ante um mundo valorizado pelas ganâncias; e não se preocupa com as relações que são geradas desses encontros.

   e) A pobreza, a castidade e a obediência se relacionam com o mistério pascal de Cristo na medida em que vivemos somente a vida de oração, sem nos dedicarmos à opção preferencial pelos pobres.

3. Conforme expressa o Papa Francisco, "Se a vida consagrada não quer ser somente admirada como uma peça de museu, mas se apresentar diante das pessoas como uma forma de vida bela e possível também para os outros, deverá perguntar-se constantemente o que Deus e o povo de Deus querem dela neste momento

e nessas circunstâncias" (Vatican News, 2020). Considerando-se esse excerto, qual é a melhor justificativa para a dimensão profética da Vida Religiosa Consagrada (VRC)?

a) A VRC prevê os acontecimentos do mundo, posicionando a Igreja de forma reativa a esses sinais.

b) As ações evangelizadoras não têm dimensões proféticas, uma vez que a mensagem do Evangelho acontece no aqui e agora das comunidades e não indica nenhum sinal para a VRC.

c) O anúncio, a denúncia e o testemunho servem ao religioso como parte determinante de sua missão do mundo, visto que o propósito da VRC é conservar os valores da Igreja, sua Tradição e seu comportamento, sem olhar para os sinais dos tempos e suas novas provocações.

d) A VRC é, em sua essência, a existência profética. O profetismo é a tradução do olhar atento ao mundo e a suas necessidades, na referência constante ao Evangelho e à escuta do Cristo.

e) Todas as alternativas anteriores estão corretas.

4. A vocação é a escuta de um chamado; não é talento nem inclinação. É a escuta de Deus que diz: "Vem e segue-me". Qual é o valor especial da Vida Religiosa Consagrada (VRC)?

a) A VRC é a vocação mais importante da Igreja, em detrimento dos outros chamados à vida em comunidade, como o matrimônio ou o sacerdócio.

b) É o convite especial a viver ao modo de Jesus Cristo, atualizando seus mistérios e ensinamentos no cotidiano de sua missão no mundo: "aquela forma de vida que o Filho de Deus assumiu ao entrar no mundo" (Paulo VI, 1964, LG, n. 44).

c) São João Paulo II afirma que a vida consagrada deve acontecer em três dimensões: a consagração, a comunhão e a missão. A consagração, contudo, não significa a mudança radical de vida.

d) O valor especial da VRC é colocar as coisas passageiras como centro de sua vida, e não as perenes, sendo testemunha do imediatismo da vida moderna.

e) Nenhuma das alternativas anteriores está correta.

5. Partindo do seguinte texto extraído da mensagem do Papa Francisco para o Dia Mundial das Missões de 2022, assinale a alternativa correta:

> Ao exortar os discípulos a serem as suas testemunhas, o Senhor ressuscitado anuncia aonde são enviados: "Em Jerusalém, por toda a Judeia e Samaria e até aos confins do mundo" (At 1, 8). Aqui emerge muito claramente o caráter universal da missão dos discípulos. Coloca-se em destaque o movimento geográfico "centrífugo", quase em círculos concêntricos, desde Jerusalém – considerada pela tradição judaica como centro do mundo – à Judeia e Samaria, e até aos extremos «confins do mundo». Não são enviados para fazer proselitismo, mas para anunciar; o cristão não faz proselitismo. Os Atos dos Apóstolos narram-nos este movimento missionário: o mesmo dá-nos uma imagem muito bela da Igreja "em saída" para cumprir a sua vocação de testemunhar Cristo Senhor, orientada pela Providência divina através das circunstâncias concretas da vida. Com efeito, os primeiros cristãos foram perseguidos em Jerusalém e, por isso, dispersaram-se pela Judeia e a Samaria, testemunhando Cristo por toda a parte (cf. At 8,1.4). (Francisco, 2022)

a) A missão original da Vida Religiosa Consagrada (VRC) é fazer proselitismo da fé e converter o máximo de pessoas possíveis ao catolicismo.

b) Quando falamos de uma Igreja "em saída", devemos ter cuidado para não abri-la demasiadamente, ou seja, para que a religião não seja enculturada, mas se mantenha fiel aos modelos tradicionalistas.

c) O discipulado religioso não tem uma característica universal, ou seja, não é necessário levar a Boa-Nova aos povos fora da "Judeia e Samaria" de nossos tempos.

d) A VRC é, por excelência, missionária e precisa estar atenta para ser uma consagração "em saída" e sempre aberta a acolher os outros. Mesmo as congregações de vida contemplativas exercem um papel fundamental nessa saída, pois vivem radicalmente a experiência cristã.

e) A VRC testemunha Cristo sem comunhão com a Igreja.

Atividades de aprendizagem

Questões para reflexão

1. Como você se enxerga como vocacionado, ou seja, chamado à missão? Como vimos, a Vida Religiosa Consagrada (VRC) é uma forma de vida, entre outras, com o seu valor especial. Como você se vê num mundo com tantas possibilidades?

2. Faça uma breve pesquisa sobre o modo como a Vida Religiosa Consagrada (VRC) se transformou ao longo do século XX e XXI, considerando suas dificuldades e os desafios históricos e comunitários, e relacione isso à provocação do texto à vida profética.

Atividade aplicada: prática

1. Como as pessoas ao seu redor compreendem a Vida Religiosa Consagrada (VRC)? Entreviste cinco pessoas entre seus familiares, amigos, colegas de trabalho e conhecidos da comunidade, perguntando a elas se conhecem a VRC; se já foram a alguma comunidade administrada por religiosos; e se conhecem algum carisma específico. Ao recolher essas perguntas, responda você também: Como as pessoas veem a VRC nos dias de hoje?

3
A vocação à santidade

Raquel de Fátima Colet

Nos capítulos anteriores, refletimos sobre a premissa de que a Vida Religiosa Consagrada (VRC) está arraigada na vida e na missão da Igreja e, consequentemente, participa da vocação à santidade a que é chamada toda pessoa batizada. Aprofundando essa dimensão, neste capítulo nos debruçaremos sobre os elementos próprios que acompanham tal itinerário vocacional. Partiremos de uma apropriação conceitual sobre os carismas e a forma como eles se manifestam historicamente nas diferentes congregações, ordens e institutos consagrados, com especial referência a seus fundadores e fundadoras. Na sequência, situaremos a oração e a ascese como experiências fundamentais que acompanham a vivência da consagração, da qual emana a fidelidade criativa à vocação assumida. O ser fiel, por sua vez, orienta-se para uma renovada confiança como obediência (escuta) amorosa do querer de Deus na vida daqueles e daquelas que a Ele se consagram e, a exemplo de Cristo, escolhem viver para os outros. Por fim, abordaremos um aspecto sobremaneira singular que acompanha a VRC, que é a vida comunitária. A vivência fraterna e sororal, mais do que um recurso para a realização da missão apostólica, é, em primeiro lugar, um testemunho evangélico e sinal eloquente da comunhão eclesial.

3.1 Fidelidade ao carisma

Oriundo da palavra grega *charisma*, que pode ser traduzida como "graça", "favor", sob a perspectiva religiosa, um carisma pode ser entendido como um dom recebido por Deus. Pelo seu caráter de dádiva, não pode ser alcançado por merecimento pessoal ou coletivo, muito menos adquirido por vias de interesse. Na ótica bíblica, os carismas são dons espirituais e manifestação do Espírito de Deus que, sob diferentes efeitos, "realiza tudo em todos" (1Cor 12,4ss). Aliás, muitos biblistas têm ressaltado a incidência do uso da palavra no plural (*charismata*) nos textos sagrados, reforçando, assim, seu sentido de pluralidade, diversidade e variedade de dons (Rm 12,6) (Oliveira, 2013).

Pelo seu caráter vivencial, e não conceitual ou técnico, "um carisma é difícil definir porque é algo vivo, é graça, por isso podemos somente descrevê-lo" (Kearns, 2019, p. 149). Dessa maneira, a fecundidade de um carisma reside na generosidade livre e amorosa da pessoa que o acolhe e o coloca a serviço de todos. Porque provenientes de um mesmo Espírito, a diversidade de carismas é expressão da criatividade amorosa de Deus, que escolhe contar com todos e de diferentes modos para que Seu projeto aconteça. Como expressão da multiforme graça de Deus (1Pe 4,10), os carismas não se opõem ou sobrepõem, mas convergem para um mesmo horizonte. Considerando-se, porém, que, como sujeitos que acolhem tais carismas, nossa humanidade convive com a ambiguidade do pecado, o Espírito vem em nosso socorro a fim de nos ajudar a discerni-los.

Para refletir

Na experiência de uma comunidade consagrada, um carisma está diretamente vinculado à experiência espiritual e apostólica de homens e mulheres que, num tempo histórico específico, acolheram, discerniram e testemunharam seu amor a Deus e às pessoas segundo traços singulares.

Na acolhida da "multiplicidade dos dons dispensados por Deus" e "abertos à ação do Espírito Santo", os fundadores e fundadoras "souberam interpretar os sinais dos tempos e responder, de forma esclarecida, às exigências que sucessivamente iam aparecendo" (João Paulo II, 1996, VC, n. 9). Muitos deles e delas foram canonicamente reconhecidos como santos e santas; outros estão nesse processo; outros ainda marcaram e permanecem na história de maneira discreta e significativa, com testemunhos da santidade de Deus no povo humilde de Deus (Francisco, 2018b, GE, n. 8).

Independentemente do reconhecimento dos altares, o que merece ser posto em evidência é que essas mulheres e esses homens viveram de tal modo seu seguimento de Jesus, que seus passos se tornaram inspiração para outros irmãos e irmãs, dispostos a sustentar suas vidas e sua vocação cristã sobre as mesmas raízes carismáticas que os sustentaram. Desse caminho testemunhal surgiram as diversas formas de Vida Consagrada, de caráter contemplativo ou apostólico, clerical ou laical, que efetivam na história essa experiência carismática. Kearns (2019) identifica cinco aspectos como constitutivos de um carisma fundacional: 1) um chamado de Deus, que corresponde à experiência mística vivida de forma original pelos Fundadores; 2) uma visão específica de uma parte do Evangelho; 3) a formação de uma comunidade;

4) o compromisso com uma missão; 5) o agir e a doação da vida para o serviço de alguém específico, na Igreja e no mundo, em atenção especial aos pobres.

Como dom espiritual, um carisma, entretanto, não é uma realidade que pode ser totalmente apreendida e assimilada historicamente. Simbolicamente, poderíamos dizer que um carisma se configura mais como uma medida de sementes do que como frutos postos e acabados. Na lógica do grão de trigo que morre para frutificar e se permitir ser alimento, ser fiel a um carisma não significa a manutenção de um *status quo* de estruturas, regras e normas tradicionalmente instauradas e seguidas por aqueles e aquelas que a ele aderem, mas na disposição de mantê-lo fecundo e cultivá-lo nas transformações dos terrenos, que representam o desenrolar da história. Em seu percurso imanente, "a vida consagrada, caracterizada pela busca constante de Deus e pela contínua revisitação de sua identidade, respira as instâncias e o clima cultural deste mundo" (Congregação para os Institutos de Vida Consagrada e as Sociedades de Vida Apostólica, 2016, p. 16).

Nesse sentido, um importante aspecto da fidelidade ao carisma corresponde à disposição de situar os fundadores e as fundadoras como filhos e filhas de seu tempo histórico, sem a intenção de atribuir-lhes um heroísmo exacerbado ou até mesmo forçado. Isso não significa subtrair-lhes a relevância no caminho carismático que intuíram, mas colocá-los como aquilo que, de fato, são: frágeis e pecadores em sua condição de criaturas, porém instrumentos da graça na Igreja e no mundo. Muitas vezes, procurou-se enaltecer de forma demasiada suas virtudes, ignorando a vulnerabilidade inevitável que acompanhou suas trajetórias humanas. Esse olhar lúcido e acolhedor para aquelas pessoas a quem Deus dotou de dons singulares e que deram início a uma experiência original de amor consagrado a Ele permite a salutar atualização desse carisma nos contextos e nas relações de cada época.

Assim, a tarefa em questão é uma mudança de foco: a referência a ser assumida não é a pessoa do fundador ou da fundadora, mas a causa para a qual doaram suas vidas, o horizonte maior para o qual convergiu o olhar deles e delas, não como uma realidade pronta e dada em totalidade, mas como uma moção do Espírito que os moveu para que estivessem a caminho. Consequentemente a essa postura, há uma atitude de conversão pessoal, comunitária e estrutural que leva à pergunta sobre a contribuição desse carisma na atualidade. Desse modo, o compromisso primordial da VRC não é a propagação apologética de uma determinada forma histórica e contextual de viver um carisma espiritual, mas a proposição, com coragem profética, da pergunta sobre a relevância desse carisma para o mundo de hoje, tendo como chave de leitura as intuições evangélicas assumidas por seus fundadores e suas fundadoras. Como considera Kearns (2019, p. 147), "precisamos captar o 'sonho original' do fundador e introduzir mudanças necessárias, segundo os tempos atuais, e sinceramente entrar na conversão para autenticamente refundar tudo isso".

Outro aspecto importante, destacado por Oliveira (2013), diz respeito à relação entre os carismas pessoais, ou seja, de cada pessoa consagrada, e o carisma específico do instituto, ordem ou congregação. Por um lado, é de suma importância que se reconheça que a pluralidade de carismas está presente no interior de cada comunidade religiosa, o que implica superar a tentativa de uniformidade e homogeneização.

> Se os membros e a direção dos institutos de VRC têm consciência clara de que cada pessoa é portadora de carismas particulares, saberão respeitar a ação do Espírito Santo e não haverá nivelamento comunitário. Não se pretenderá que todos vejam as coisas do mesmo modo, apareçam sempre de forma idêntica e façam sempre as mesmas coisas. Todos, é claro, estão convergindo para o mesmo fim, para o mesmo objetivo, mas cada um será livre para assumir a missão comum de acordo com os carismas recebidos do Espírito. (Oliveira, 2013, p. 92-93)

De outra parte, e como acenado ao final da citação anterior, os carismas pessoais convergem para o carisma comum, o que implica uma compreensão madura entre identidade pessoal e identidade carismática do instituto. Isso evita interpretações particularistas e individualistas do carisma e desenvolve um imprescindível sentido de pertença da pessoa consagrada à sua comunidade, de modo que cada uma "precisa experimentar a realidade existencial do instituto como parte de sua própria realidade existencial" (Oliveira, 2013, p. 96). Essa tensão criativa entre a pessoalidade e o itinerário comum é fundamental para o processo de maturação humana e vocacional, tanto dos membros quanto das comunidades. Ela permite superar o risco de um comunitarismo estéril ou de uma atitude "consumidora" da pessoa consagrada em relação à comunidade.

3.2 Oração e ascese

A vivência da radicalidade do discipulado cristão, em um caminho mistagógico de configuração da própria vida à pessoa e ao projeto de Cristo, demanda uma profunda e irrenunciável intimidade com Deus. Como afirmado pelo Papa João Paulo II (1996, VC, n. 38, grifo do original), "A vocação à santidade só pode ser acolhida e cultivada **no silêncio da adoração** na presença da transcendência infinita de Deus". É nesse caminho mistagógico que a vocação consagrada é assumida e amadurece.

> O itinerário espiritual indica justamente o caminho feito pela pessoa, sob a ação do Espírito, em busca de uma comunhão sempre maior com Deus. Na comunhão com Ele, gradualmente vai sendo transformada e a sua imagem e semelhança vai aparecendo cada

vez com maior nitidez. A meta da vida espiritual consiste nessa união com Deus, na qual o ser humano vai sendo transformado pela mesma ação de Deus. (Balsan, 2019, p. 118-119)

Em seguimento a Jesus e aprendente de Seu testemunho orante, tal como apresentado na Sagrada Escritura (Mt 14,23; Mc 1,35; Lc 5,16; 6,12; 9,18.28; 11,1; 22,41.46), a pessoa consagrada encontra na vida de oração a fonte vital para o cultivo e a fidelidade à sua vocação. Como dito pelo Papa Francisco (2018a, grifo do original),

> A **oração** é voltar sempre à primeira chamada. Qualquer oração, talvez uma oração na necessidade, mas é sempre voltar àquela Pessoa que me chamou. A oração de um consagrado, de uma consagrada é voltar ao Senhor que me convidou a estar próximo d'Ele. Voltar a Ele que me fitou nos olhos e me disse: "Vem. Abandona tudo e vem".

Desde os primórdios, uma das características principais da VRC foi a via espiritual, a busca da intimidade com Deus, fonte de "estímulo para amar ao próximo, segundo o carisma de sua Congregação ou Ordem" (Kearns, 2019, p. 101). No entendimento popular, as pessoas consagradas são vistas como pessoas que oram. Por isso, ao encontrá-las, uma solicitação comum que lhes é feita pelo povo é que rezem, seja pela pessoa que pede, seja por sua família, seja por uma intenção especial etc. A intercessão orante é um bonito vínculo entre a VRC e os demais membros do Povo de Deus.

É preciso, contudo, superar um entendimento de oração como recitação de fórmulas e reprodução de práticas rituais preestabelecidas. Tais mediações têm sua importância, mas não constituem o essencial da oração cristã. Orar é um ato de entrega confiante à graça que nos precede e nos faz participar da comunhão do amor da Trindade. Orar é deixar-se amar por Deus e acolher as interpelações desse encontro filial. Tal premissa vale para todos os discípulos e discípulas do Mestre e apresenta dinamismos singulares na vida dos consagrados e das consagradas. "A consagração, no fundo, é um convite para ter **intimidade com Deus**, que chama, e o Religioso que responde, cultivando meios para ser íntimo de Deus" (Kearns, 2019, p. 100, grifo do original). Situada entre a fragilidade do humano e a vida do Espírito, a oração "é um nascimento interior: tornamo-nos conscientes de uma vida presente em nós, que germina e cresce no silêncio" (Kearns, 2019, p. 100). Emana daí a contemplação orante como "selo do Amado: pura graça em nós" (Congregação para os Institutos de Vida Consagrada e as Sociedades de Vida Apostólica, 2016, n. 30). Novamente sobressai a mística da dádiva: "toda contemplação começa no coração de Deus" (Kearns, 2019, p. 102).

Para refletir

Pela sua oração, a Vida Consagrada participa da oração da Igreja e ora como Igreja. De igual forma, "toda a Igreja goza e se beneficia da pluralidade das formas de oração e da variedade do modo de contemplar o único rosto de Cristo" (Congregação para os Institutos de Vida Consagrada e as Sociedades de Vida Apostólica, 2002, n. 25).

A Liturgia das Horas, a leitura e meditação da Bíblia, a participação na vida litúrgica e sacramental, de modo particular a Eucaristia, e os muitos ritos e atos de devoção que acompanham a tradição das comunidades religiosas se constituem em experiências vigorosas de encontro com o Senhor e cultivo da vida interior. Na base de toda a vida espiritual está a Palavra de Deus. Ela é fonte e "sustenta um relacionamento pessoal com o Deus vivo e com a sua vontade salvífica e santificadora" (João Paulo II, 1996, PC, n. 94). A oração e a contemplação "são o lugar de acolhida da Palavra de Deus e, ao mesmo tempo, brotam da escuta da Palavra" (Congregação para os Institutos de Vida

Consagrada e as Sociedades de Vida Apostólica, 2002, n. 25). Entre as formas de oração com base na Sagrada Escritura, merece destaque a *Lectio Divina*, também conhecida como *Leitura Orante da Bíblia* (LOB), método que remonta à Igreja Primitiva e está presente nas origens da Vida Consagrada. Feita de modo pessoal e comunitário, a LOB favorece a partilha dos dons espirituais e alimenta a solidariedade fraterna, fortalecendo a relação fecunda e necessária entre fé e vida.

A oração permite beber das fontes da espiritualidade (Paulo VI, 1965b, PC, n. 6), sem a qual não há experiência cristã autêntica. A vida contemplativa envolve todo o ser da pessoa, dilatando sua interioridade para perceber a si mesma e a tudo o que a cerca com os olhos de Deus.

> A consagração autêntica e transformadora acontece pela experiência e prática da contemplação, em que inteligência, corpo e coração são abertos para acolher a presença de Deus, que existe sempre em nós e em tudo que nos cerca. O silêncio fornece a possibilidade de quebrar nossa insensibilidade para enxergar e celebrar Deus em nós e ao nosso redor. (Kearns, 2019, p. 105)

O caminho interior, por sua vez, comporta exigências. Os meios ascéticos, presente na Tradição espiritual da Igreja, contribuem para esse itinerário de maturação da experiência de Deus. "Ajudando a dominar e a corrigir as tendências da natureza humana ferida pelo pecado, a ascese é verdadeiramente indispensável para a pessoa consagrada permanecer fiel à própria vocação e seguir Jesus pelo caminho da Cruz" (João Paulo II, 1996, VC, n. 38).

Nesse percurso, uma atitude fundamental é o que Kearns (2019, p. 82-83, grifo do original) chama de *honestidade* na relação com o Senhor:

> Os religiosos foram convidados a aprender a ser **discípulos do Mestre**. Convidados a aprender a fitar seus olhos com amor no Mestre. Convidados a contemplar seu ser e agir. Isso exige a

necessidade de cultivar intimidade e ter um tempo honesto para estar na presença do Mestre, na oração "eu-tu". Tempo de ter momentos de profunda consolação no amor do Mestre. É um processo por toda a vida tentar-se **configurar-se ao Mestre Jesus** (Fl 2,5). É contemplar, sobretudo, a humanidade de Jesus e a forma de ele viver seu amor ao Pai, por meio da sua obediência, diante da missão salvadora.

"A ascese é companheira e pedagoga no caminho da conversão, sem a qual não há profecia na vida consagrada" (Kearns, 2019, p. 94, grifo do original). "O caminho espiritual não conhece nenhum avanço se não se abre à ação do Espírito de Deus mediante a fadiga da ascese e, especialmente, do combate espiritual" (Congregação para os Institutos de Vida Consagrada e as Sociedades de Vida Apostólica, 2016, n. 53). Na experiência de "estar no mundo sem ser do mundo" (Jo 15,19), a ascese é condição para a maturação da vocação consagrada, para a vivência integrada dos conselhos evangélicos, para relações fraternas saudáveis e para um apostolado fecundo.

3.3 Uma confiança renovada

João Paulo II, na Exortação Apostólica Pós-Sinodal *Vita Consecrata*, afirma: "A vocação à vida consagrada – no horizonte de toda a vida cristã –, não obstante as suas renúncias e provas, antes em virtude delas, é um caminho "de luz", sobre o qual vela o olhar do Redentor: 'Levantai-vos e não tenhais medo'" (João Paulo II, 1996, VC, n. 40, grifo do original).

A confiança é um outro nome para a fé. Fala da profundidade da relação da pessoa consagrada com Deus, a quem ela dedica sua vida sem reservas, consciente de que essa entrega implica participar do destino do Mestre, do Mistério de sua luz e de sua cruz.

A vida da pessoa consagrada é sempre "uma vida 'tocada' pela mão de Cristo, abrangida pela sua voz, sustentada pela sua graça" (João Paulo II, 1996, VC, n. 40). Como experiência de configuração a Cristo, de participação em seus sentimentos (Fl 2,5), o caminho da cruz é uma dimensão do seguimento radical que não se traduz como busca irreflexa do sofrimento, mas como descoberta e acolhida do amor que se doa até as últimas consequências. "Este é o único caminho do discípulo. Não existem outros. É necessário empreender, todos os dias, com o coração feliz e agradecido, o caminho estreito no seguimento do Mestre, para haurir a energia necessária da fonte da qual jorra a água da vida que não perece" (João Paulo II, 2004, n. 5).

Na esteira da esperança, a confiança fala ao presente e ao futuro da VRC. Em um contexto marcado por incertezas e desafios, seja em relação à escassez de vocações – e, em decorrência disso, à pergunta sobre a continuidade histórica ou não de alguns institutos –, seja em relação às complexidades da missão e do apostolado, a atitude confiante é reafirmação da entrega total a Deus.

> A esperança de que falamos não se funda sobre números ou sobre as obras, mas sobre Aquele em quem pusemos a nossa confiança (cf. *2Tm* 1,12) e para quem "nada é impossível" (*Lc* 1,37). Esta é a esperança que não desilude e que permitirá à vida consagrada continuar a escrever uma grande história no futuro, para o qual se deve voltar o nosso olhar, cientes de que é para ele que nos impele o Espírito Santo a fim de continuar a fazer, conosco, grandes coisas. (Francisco, 2014)

Diante da "tentação dos números e da eficiência" (Francisco, 2014) e de confiar nas próprias forças, a atitude confiante prescruta os horizontes, sem fazer-se refém do pessimismo ou do derrotismo. A vigilância confiante move no sentido da superação do desânimo e da apatia e sustenta a perseverança, "retomando sempre o nosso caminho com confiança no Senhor" (Francisco, 2014). O coração confiante é coração obediente que sabe que de Deus só proverá o bem a seus filhos (Mt 7,11). Como infere Kearns (2019, p. 140) ao discorrer sobre essa relação entre confiança e obediência,

> A obediência bíblica sempre pode ser traduzida por confiança inabalável no amor e no plano salvífico do Pai. A confiança no plano salvífico do Pai, motivado por seu amor às criaturas, e a confiança de que Deus nunca abandona seu povo são o fundo teológico da obediência religiosa. A confiança no amor de Deus sempre antecede a prática do voto de obediência.

A confiança obediente é, igualmente, a confiança ativa e profética; é a participação confiante na obra da graça que não foi concedida em vão (1Cor 15,10) e que move em direção ao discernimento do que Deus está a falar pelas diferentes situações do cotidiano da própria interioridade, das relações e da missão apostólica.

3.4 Viver para os outros

A doação total a Deus da pessoa consagrada se comunica no amor doado aos irmãos e irmãs, tal como o amor trinitário que se baseia "na capacidade de sair de si para doar-se aos outros membros da Trindade" (Kearns, 2019, p. 113).

Para refletir

É importante considerar que essa doação ao próximo não se limita a gestos e ações de apostolado dinamizados pelas comunidades consagradas, mas está radicada no vínculo de comunhão profunda com a humanidade.

A vida doada acompanha não somente a experiência das pessoas consagradas que vivem sua vocação na missão apostólica, mas se configura como uma dimensão vivida pelos religiosos e religiosas de vida contemplativa e monástica que, pela "oração contínua e alegre penitência", "oferecem a Deus um exímio sacrifício de louvor, enriquecem com abundantes frutos de santidade o Povo de Deus" (Paulo VI, 1965b, PC, n. 7). Assim, as comunidades de vida contemplativa, por exemplo, oferecem à Igreja e ao mundo um genuíno testemunho de vida doada. Como expressão peculiar de um *statio* de intercessão a que é chamada toda VRC, elas testemunham "a rebelde obediência da profecia da vida consagrada que se faz voz da paixão pela humanidade" (Congregação para os Institutos de Vida Consagrada e as Sociedades de Vida Apostólica, 2014, n. 72).

Na particularidade de seus carismas, a VRC testemunha que "a essência da humanidade e do cristianismo está no amor, na capacidade de entrar em relação com um tu. Por isso mesmo o amor constitui a essência do seguimento de Jesus" (Oliveira, 2013, p. 30).

A doação da vida não é anulação ou falta de consciência de si. O caminho formativo contemporâneo da VRC tem se ocupado com essa salutar necessidade de autoconhecimento e de equilíbrio de vida na vivência da consagração. Muitos estudos recentes, por exemplo, trazem à tona a situação de adoecimento físico, emocional e mesmo espiritual de muitas pessoas consagradas, fruto de uma doação desmedida voltada ao plano externo. Viver para os outros é, primeiramente, a consciência de si, da necessidade de que só se pode chegar ao outro e ser para ele comunicação do amor por meio da inteireza e da verdade de si mesmo. Não é expressão de doação a Deus e à pessoa próxima um ativismo desenfreado e sem propósitos. Ainda é presente a mentalidade de que uma doação autêntica é medida pela quantidade de gestos, ações, projetos desenvolvidos. Como em outros estilos de vida, o risco que isso comporta é um esvaziamento de sentido diante de agendas saturadas, mas de poucas presenças e relações significativas.

De outra parte, a alteridade educa a pessoalidade. Há uma dimensão pedagógica e mistagógica na doação, visto que a relação com o outro – sejam pessoas, sejam grupos, sejam experiências e tantos outros sujeitos diversos – nos confronta e nos questiona sobre os valores que orientam nossas existências.

> Não vos fecheis em vós mesmos, não vos deixeis asfixiar por pequenas brigas de casa, não fiqueis prisioneiros dos vossos problemas. Estes resolver-se-ão se sairdes para ajudar os outros a resolverem os seus problemas, anunciando-lhes a Boa Nova. Encontrareis a vida dando a vida, a esperança dando esperança, o amor amando. (Francisco, 2014)

Essa é a mística que envolve a compreensão de uma Igreja em saída e que ecoa na Vida Consagrada.

3.5 A vivência em fraternidade

A vida em comunidade é uma dimensão que acompanha toda a Vida Consagrada, mesmo nas formas mais individuais de consagração, como os eremitas e os Institutos Seculares. A vivência fraternal e sororal é "concebida como vida partilhada no amor" e "sinal eloquente da comunhão eclesial" (João Paulo II, 1996, VC, n. 42) e da "primazia do Amor de Deus que opera suas maravilhas e do amor a Deus e aos irmãos, como foi manifestado e praticado por Jesus Cristo" (Congregação para os Institutos de Vida Consagrada e as Sociedades de Vida Apostólica, 1994, n. 1). Ela é também "sinal eloquente da comunhão eclesial", sendo vivida não somente pelas congregações e ordens, mas também pelos institutos seculares e outras formas individuais de vida consagrada (João Paulo II, 1996, VC, n. 42).

Uma das contribuições do Concílio Vaticano II foi a revalorização da vida fraterna na comunidade religiosa, especialmente no enfoque de uma eclesiologia de comunhão. Sob essa perspectiva, o documento *A vida fraterna em comunidade*, da Congregação para os Institutos de Vida Consagrada e as Sociedades de Vida Apostólica (1994), indica quatro ressonâncias dessa recolocação eclesiológica para a comunidade religiosa:

1. **Dimensão mistérica**, como "participação e testemunho qualificado da Igreja-Mistério", que é comunhão de amor com a Trindade (n. 2).
2. **Dimensão comunional-fraterna**, que atua como sinal do "dom da fraternidade feito por Cristo a toda a Igreja", constituindo-se como estímulo para todas as pessoas batizadas (n. 2).
3. **Dimensão carismática da comunidade religiosa**, que, por meio de seu carisma fundacional e integrando a comunhão orgânica da Igreja, é "enriquecida pelo Espírito com variedade de ministérios e de carismas" (n. 2).
4. **Dimensão apostólica**, como testemunho essencial para a evangelização e o apostolado, este entendido como a recondução "à união com Deus e à unidade, mediante a caridade divina" (n. 2).

Esse fundamento teológico permite conceber a vida em comunidade para além de um conglomerado de pessoas provindas de diferentes contextos, culturas e gerações e que compartilham de um mesmo estilo de vida e convergem em sua visão de mundo. Ou seja, "as pessoas que formam uma comunidade cristã não estão juntas por acaso, mas porque um dia escutaram o chamamento divino e se dispuseram a responder com disponibilidade" (Oliveira, 2013, p. 32). Assim, uma comunidade religiosa não é um clube ou sociedade de amigos, ou mesmo uma associação de membros de uma organização canônica ou juridicamente reconhecida. "A comunidade religiosa existe para a Igreja, para significá-la e enriquecê-la, para torná-la mais apta a cumprir sua missão" (Congregação para os Institutos de Vida Consagrada e as Sociedades de Vida Apostólica, 1994, n. 2) e, portanto, integra a identidade do ser consagrado.

Por esse olhar, a vida em comum implica espírito de fé capaz de acolher cada membro da comunidade como uma dádiva, como um irmão e/ou irmã com quem se compartilha a vocação fundamental, que é a vivência do Primado do Absoluto no seguimento radical de Cristo. "A finalidade da comunidade não é apenas o estar juntos, mas o desejo de ser, enquanto fraternidade, sinal do reinado de Deus" (Oliveira, 2013, p. 44). De igual modo, cada pessoa consagrada é encorajada a cultivar um autêntico sentido de pertença com sua comunidade. Essa pertença "significa que ficamos corresponsáveis e participamos da fidelidade de consagração na vida de nossos outros irmãos, e eles são corresponsáveis por nossa fidelidade e perseverança" (Kearns, 2019, p. 155).

Para refletir

O ser comunidade se conjuga na unidade na diversidade. Como espaço da fidelidade mútua, ela se tece com a participação de todos e todas que a constituem, com seus dons e carismas pessoais, bem como com suas limitações e seus desafios.

"O ideal comunitário não deve fazer esquecer que toda realidade cristã se edifica sobre a fraqueza humana" (Congregação para os Institutos de Vida Consagrada e as Sociedades de Vida Apostólica, 1994, n. 26). Sob essa dimensão, é importante pensar a vida em comunidade como uma experiência em construção, em que o empenho comum se volta para a construção da unidade nas diferenças. Nesse aspecto, embora o contexto atual – por alguns nomeados de *pós-modernidade* e por outros de *modernidade tardia* – tenha trazido em seu bojo ambiguidades e desafios, é preciso reconhecer os valores que também dele emergem, como o convite a uma relação integrada entre individualidade e pluralidade. Como infere Oliveira (2013), essas contribuições se situam na humanização das relações e na construção de vivências mais sadias, bem como na singularidade de cada pessoa no plano da Criação.

Tendo isso em vista, o sentido da vida em comunidade não reside no presente, mas no horizonte para o qual converge, no "querer ser" comunidade de amor a exemplo da Comunidade Trinitária e à imagem da comunidade apostólica (At 2,42-47), que, assídua na oração e na escuta do ensinamento dos apóstolos, colocava em comum seus dons espirituais e materiais para o bem de todos (João Paulo II, 1996, VC, n. 45).

> A meta, a finalidade, a profecia de vivermos juntos é tentar realizar entre nós o mesmo amor que existe entre o Pai, o Filho e o Espírito Santo. Nossa vivência em comunidade quer ser um sinal visível, profético e efetivo do amor existente entre os membros da mais sublime comunidade, a Trindade. (Kearns, 1999, p. 35)

Essa tarefa, contudo, coloca-se como um desafio de primeira ordem, especialmente na conjuntura sociocultural atual, marcada pela acentuação de subjetivismos e individualismos. Viver em comunidade é, sob essa perspectiva, o compromisso mútuo em ser sinal.

> Numa sociedade marcada pelo conflito, a convivência difícil entre culturas diversas, a prepotência sobre os mais fracos, as desigualdades, somos chamados a oferecer um modelo concreto de comunidade que, mediante o reconhecimento da dignidade de cada pessoa e a partilha do dom que cada um é portador, permita viver relações fraternas. (Francisco, 2014)

Se outrora, em uma perspectiva de formação pré-conciliar, a unidade era compreendida sob o signo da uniformidade – e isso levou a uma padronização de costumes e práticas e à restrição de aspectos das liberdades individuais –, hoje a unidade que se busca não é opositora, mas reconciliadora das subjetividades. Isso remete ao propósito da comunidade; ela não é uma mera articulação coletiva que favorece a missão apostólica, tampouco é um agrupamento de pessoas centradas em si mesmas e em suas necessidades, sejam elas emocionais, sejam espirituais. Embora a VRC seja intrinsecamente comunitária,

> ela não existe para fornecer uma família substituta, terapia psicológica nem apoio ou conforto contínuo de seus membros. Deve ser uma comunidade de pessoas emocionalmente maduras, adultas, independentes e **interdependentes** que buscam Deus,

> interiormente, e buscam servir ao próximo por meio de seu carisma. Eis a finalidade da comunidade: buscar Deus em comum e, depois, sair da comunidade para servir os mais necessitados. (Kearns, 2019, p. 110, grifo do original)

Como o é a Vida Consagrada, a vida fraterna e sororal quer ser sinal e testemunho de um amor consciente e gratuito. A vivência comunitária é também ela expressão da participação da Vida Consagrada na missão de Cristo (João Paulo II, 1996, VC, n. 72); é o lugar privilegiado da formação (João Paulo II, 1996, VC, n. 67); uma escola de diálogo que envolve a escuta de si e do próximo mais próximo, que são os demais membros da comunidade; do discernimento comum dos apelos de Deus presentes no seio do mundo, especialmente do mundo dos mais empobrecidos. "Viver em comunidade, na verdade, é viver todos juntos a vontade de Deus, segundo a orientação do dom carismático que o fundador recebeu de Deus e que transmitiu a seus discípulos e continuadores" (Congregação para os Institutos de Vida Consagrada e as Sociedades de Vida Apostólica, 1994, n. 45). A comunidade consagrada é um espaço potente de acolhida propositiva das diferenças geracionais, culturais e étnicas presentes entre seus membros, as quais se irradiam como atitudes de igual acolhida e diálogo com todos. A vida comunitária tem uma dimensão profética ao proclamar que "a fraternidade é possível" e que "ela é nossa profecia neste mundo isento de amor" (Kearns, 2019, p. 113). Pela sua identidade, "a vida consagrada é chamada a ser especialista em comunhão" (Celam, 2008, DA, n. 218) e o faz de modo genuíno pela vivência autêntica e alegre da fraternidade e da sororidade.

Indicações culturais

FRANCISCO, PAPA. **Carta Apostólica às Pessoas Consagradas.** Vaticano, 21 nov. 2014. Disponível em: <https://www.vatican.va/content/francesco/pt/apost_letters/documents/papa-francesco_lettera-ap_20141121_lettera-consacrati.html>. Acesso em: 25 jan. 2023.

O Papa Francisco tem sido um grande entusiasta e animador da Vida Religiosa Consagrada (VRC). Como membro da Companhia de Jesus (Jesuítas), conhece esse estado de vida pela experiência de sua própria consagração. Nos primeiros anos de seu pontificado, propôs a realização do Ano da Vida Consagrada (novembro/2014 a fevereiro/2016). Na Carta Apostólica que abre esse evento, o Bispo de Roma retoma e analisa aspectos fundamentais da identidade consagrada numa perspectiva de presente, passado e futuro.

Síntese

Refletindo sobre a vocação à santidade, que se configura como a vocação dada por Deus a toda comunidade cristã, ao longo do capítulo discorremos sobre como esse chamado é assumido e vivido pela Vida Religiosa Consagrada (VRC). Partimos de um olhar sobre os carismas como dons divinos que, historicamente, se conectam ao itinerário histórico e apostólico de homens e mulheres, cuja vida e obra despertam uma forma singular de presença e ação evangélica. Em torno das trajetórias de amor e serviço evangélico dos fundadores e fundadoras, vão se configurando formas particulares de viver o seguimento de Jesus na consagração pessoal e comunitária. Abordamos, igualmente, a oração e a ascese como experiências basilares dos consagrados e consagradas e que correspondem à via singular de intimidade com Deus, fonte de vitalidade para a vivência vocacional. Nesse horizonte, caracterizamos a confiança como uma via de entrega e participação no Mistério de

Cristo e de sua Igreja, sustentáculo para uma vida doada aos outros, que não se resume a gestos e ações, mas parte da consciência de um vínculo profundo com a humanidade, especialmente com aqueles e aquelas que mais sofrem. Por fim, apresentamos a vida fraterna e sororal como um caminho conjunto de vivência da missão e, sobretudo, um testemunho eloquente de comunhão, a exemplo da Trindade.

Atividades de autoavaliação

1. Considerando-se que os carismas religiosos são dons dados por Deus à Igreja e ao mundo, é correto afirmar:
   a) Cada carisma deve se utilizar de estratégias pastorais para se propagar, garantindo, assim, sua perenidade no mundo.
   b) A fidelidade a um carisma significa a observância das normas estabelecidas por seus fundadores.
   c) Os fundadores e as fundadoras são a referência primeira de qualquer carisma.
   d) A multiplicidade dos carismas é expressão da multiforme graça de Deus e converge para o testemunho de comunhão na diversidade.
   e) Todas as alternativas anteriores estão corretas.

2. Na experiência orante da Vida Consagrada, a contribuição da *Lectio Divina* reside:
   a) no caráter dogmático de seu exercício.
   b) no vínculo fecundo entre a Palavra de Deus e o cotidiano da vida.
   c) na fundamentação teológica que acompanha a leitura bíblica.
   d) no aporte científico, por meio da arqueologia e da linguística, que possibilitam uma leitura adequada e contextual da Bíblia.
   e) na indicação de intervenções espirituais para as relações socioculturais.

3. A vivência de uma confiança renovada não corresponde:
    a) à escuta obediente e atenta dos sinais de Deus na história.
    b) ao cultivo de uma atitude de esperança diante dos desafios.
    c) ao compromisso profético com o Reino.
    d) ao reconhecimento de que Deus, por sua intervenção espiritual, responderá a todos os desafios que se apresentarem.
    e) à atitude de cooperação com a graça de Deus, no discernimento cotidiano.

4. Na vivência de seu chamado de viver para os outros, as pessoas consagradas devem:
    a) em todas as situações, priorizar o atendimento às pessoas, independentemente das outras exigências de seu estado de vida.
    b) dedicar seu tempo para ações apostólicas voltadas ao atendimento das pessoas que mais necessitam.
    c) assumir um movimento de saída de si, de encontro com a alteridade que, ao mesmo tempo, não descure do cuidado interior.
    d) desenvolver amplos projetos em parceria com organismos socioeclesiais.
    e) Nenhuma das alternativas anteriores está correta.

5. Como dimensão que integra a Vida Religiosa Consagrada (VRC), a vida fraterna tem como horizonte teológico:
    a) a cooperação de membros com as ações apostólicas, especialmente diante dos desafios do mundo contemporâneo.
    b) o cultivo da amizade e o cuidado mútuo entre as pessoas consagradas.
    c) a sustentabilidade das obras e a continuidade dos carismas na Igreja e no mundo.
    d) ser sinal do amor de Deus e, por sua graça, da possibilidade da comunhão entre aqueles e aquelas que O seguem.
    e) Nenhuma das alternativas anteriores está correta.

Atividades de aprendizagem

Questões para reflexão

1. Considerando as diferentes formas históricas da Vida Religiosa Consagrada (VRC), empreenda uma pesquisa breve sobre três expressões carismáticas, de preferência de perfis diferenciados (vida contemplativa, vida apostólica, instituto secular), e destaque pontos comuns e diferenças observadas no modo como cada um vive sua consagração.

2. Por meio do contato presencial ou virtual com pessoas consagradas, estabeleça um diálogo sobre a experiência da vida comunitária, convidando-as a descrever sua beleza e seus desafios.

Atividade aplicada: prática

1. Embora apresente particularidades em cada congregação/ordem/instituto, a vida de oração na Vida Religiosa Consagrada (VRC) se apoia, principalmente, na recitação da Liturgia das Horas, um caminho orante que não é um privilégio restrito às pessoas consagradas, e sim uma riqueza espiritual de toda comunidade de fé. Muitas congregações, também de vida monástica/conventual, têm introduzido a prática de convidar leigos e leigas e pessoas de fora de seu círculo local para participar da oração de *Laudes*, Vésperas, Completas e outras horas do Ofício, bem como do exercício da Leitura Orante da Bíblia (LOB). Propomos aqui, então, a participação em um desses momentos junto a uma comunidade consagrada, segundo o conhecimento e a disponibilidade em sua realidade local.

4
A missão da Vida Consagrada

Ricardo Pereira Alves do Nascimento

A igreja tem grande relevância na sociedade de modo geral, por sua ação direta e indireta em face de muitos dos problemas do mundo globalizado. Direta por ser uma das maiores instituições com obras sociais, de educação e promoção da vida e da pessoa; indireta porque diariamente vemos a Igreja se posicionando ante os problemas do mundo: guerras, desigualdades e sofrimentos, como no caso dos migrantes e refugiados. O Papa Francisco é sinal dessa ação direta e indireta, que comunica o Evangelho de forma sincera, impactante e transformadora. A Vida Religiosa Consagrada (VRC) é convidada a cultivar a capacidade de oferecer um testemunho esperançado do Deus da vida. É por isso que a vocação para ser missionário é intrínseca à Vida Consagrada. Levar a boa notícia de Jesus até os confins da terra é o que interpela os seguidores do Mestre a cada tempo histórico em que a Igreja viveu em mais de dois mil anos.

Apesar de essa tarefa, contemporaneamente, ser influenciada pela modernidade digital, por meio da qual conseguimos com pouco esforço atingir superficialmente inúmeras pessoas, ainda há lugares geograficamente afastados e difíceis. A indicação "até os confins do mundo" deve interpelar os discípulos de Jesus de cada tempo, impelindo-os sempre a ir mais além dos lugares habituais para levar o testemunho d'Ele. Hoje, não obstante todas as facilidades resultantes do progresso, ainda existem áreas geográficas, periferias existenciais e culturais aonde não chegaram oportunidades de mudança e transformação. Para esses lugares, os missionários religiosos precisam estar antenados e testemunhar a força do Espírito e o Evangelho que traz vida à humanidade.

4.1 Consagrados para a missão

Para a Vida Consagrada, a missão descreve o "fazer" assumido pela congregação ou ordem, sendo inseparável do carisma, porém não contendo toda a sua totalidade. "O carisma inspira a missão, e a missão fortalece o carisma" (Kearns, 2019, p. 150). Nesse sentido, o presente capítulo tem por finalidade apresentar alguns aspectos desse ardor missionário, característica inerente das muitas Congregações Religiosas.

Como bem salienta o documento de São João Paulo II, *Vita Consecrata*, sobre os consagrados,

> Na sua vocação, portanto, está incluído o dever de **se dedicarem totalmente à missão**; mais, a própria vida consagrada, sob a ação do Espírito Santo que está na origem de toda a vocação e carisma, torna-se missão, tal como o foi toda a vida de Jesus. A profissão dos conselhos evangélicos, que torna a pessoa totalmente livre para a causa do Evangelho, revela a sua importância também desde este ponto de vista. (João Paulo II, 1996, VC, n. 72, grifo do original)

A vida de missão para um consagrado e uma consagrada é, antes de tudo, assemelhar-se a Cristo e atualizar sua mensagem salvífica para o presente momento. Com isso, é certo afirmar que os consagrados, por meio de sua entrega total aos desígnios do Pai, já estão no processo de missão, e isso se caracteriza pela vivência do carisma assumido pelos fundadores e fundadoras.

4.2 Contribuição para a evangelização

Ao se falar da VRC, certamente não se pode deixar de pensar, ou melhor, viver em missão. Compreende-se a missão como um ato de saída, de deixar-se esvaziar-se de si mesmo para ir ao encontro do outro. Mas como entender missão como ato de saída ao ter como padroeira das missões Santa Tereza do Menino Jesus, uma monja carmelita que viveu em clausura? Para tanto, compreende-se que "A contribuição específica dos consagrados e consagradas para a evangelização consiste, primariamente, no testemunho de uma vida totalmente entregue a Deus e aos irmãos, à imitação do Salvador que Se fez servo, por amor do homem" (João Paulo II, 1996, VC, n. 76).

Dessa forma, como já foi destacado nos capítulos anteriores sobre a importância dos votos religiosos de pobreza, castidade e obediência, a grande contribuição para a evangelização que um religioso consagrado pode oferecer é viver verdadeiramente os conselhos evangélicos, ou seja, no testemunho autêntico em sua vida como consagrado. Aqui, não se entende um religioso como um "super-herói", aquele que, a partir de sua consagração, torna-se melhor que o outro; antes de tudo, no ordinário de sua vida, por ação do Espírito Santo, dá o testemunho do carisma assumido pelos fundadores e vivenciado nas congregações.

Nesse viés, é atribuído aos religiosos o caráter profético: "De fato, o profetismo é inerente à vida consagrada enquanto tal, devido ao radicalismo do seguimento de Cristo e da consequente dedicação à missão que o caracteriza" (João Paulo II, 1996, VC, n. 84). Ao se tratar do caráter profético, além de anunciar e denunciar, o profeta é aquele que está em um íntimo contato com Deus, ou seja, aquele que oferece sua vida a Deus, tal como a profetisa Ana, sendo um grande modelo para os religiosos: "Não saía do Templo, dia e noite servindo a Deus com jejuns e orações" (Lc 2,37). Ela soube entregar sua vida a Deus e bem servir a comunidade.

Para refletir

A VRC é, em suas variadas formas e carismas, um sinal de Deus. Isso se constitui na vivência dos votos, nos trabalhos do cotidiano da vida, no testemunho autêntico do seguimento a Cristo.

Viver a radicalidade do Batismo é testemunhar sobre Cristo, sobretudo para os pobres e mais necessitados. A contribuição de um consagrado para a evangelização é ser esse sinal contraditório no mundo: enquanto o mundo prega um amor passageiro, o consagrado dá testemunho de um amor terno.

4.3 Anunciar Cristo aos povos

Nessa linha de pensamento, "O nome de 'missões' dá-se geralmente àquelas atividades características com que os pregoeiros do Evangelho, indo pelo mundo inteiro enviados pela Igreja, realizam o encargo de pregar o Evangelho e de implantar a mesma Igreja entre os povos ou grupos que ainda não creem em Cristo" (Paulo VI, 1965a, AG, n. 6). No Decreto *Ad Gentes* do Concílio Vaticano II, é possível perceber a finalidade da ação missionária proposta para a Igreja universal. Isso se dá também para a VRC, haja vista que grande é a contribuição dos institutos de Vida Consagrada para as missões, principalmente na América do Sul, que contou com as variadas missões de religiosos e religiosas para a formação do povo no período colonial.

A missão evangelizadora teve início com Jesus Cristo, quando ele disse aos apóstolos: "Ide por todo o mundo, pregai o evangelho a toda criatura" (Mc 16,15). Foi a partir disso que os apóstolos, motivados a anunciar Cristo a todos os povos, fizeram a experiência dolorosa do crucificado para que depois vivenciassem a experiência do ressuscitado e, nesse entusiasmo, proclamaram a Boa-Nova a todos os povos e nações. No árduo serviço de evangelização, de levar o Evangelho, o próprio Cristo Jesus, e pelo martírio cruento, foi exemplo para muitos homens e muitas mulheres que em sua vida almejaram se entregar ao serviço do Reino.

Esse período apostólico foi a fonte de inspiração para a VRC, que, a seu exemplo, optou por testemunhar a Cristo. Na experiência do carisma que cada comunidade assume, o dever de anunciar o Evangelho se faz inerente, como apresenta o Papa Francisco: "Cada cristão e cada comunidade há de discernir qual é o caminho que o Senhor lhe pede, mas todos somos convidados a aceitar esta chamada: sair da própria comodidade e ter a coragem de alcançar todas as periferias que precisam da luz do Evangelho" (Francisco, 2013, EG, n. 20).

Assim, todos somos chamados a anunciar Cristo, e de maneira especial as comunidades religiosas, que devem anunciar a seu modo, assim como foi dada a inspiração pelo Espírito Santo aos fundadores e fundadoras das variadas congregações. Portanto, "Anunciar Cristo significa mostrar que crer n'Ele e segui-Lo não é algo apenas verdadeiro e justo, mas também belo, capaz de cumular a vida dum novo esplendor e duma alegria profunda, mesmo no meio das provações" (Francisco, 2013, EG, n. 167).

4.4 A presença em todos os cantos da terra

O Cristo anunciado pelos apóstolos não ficou restrito somente a um povo; da mesma forma, o anúncio feito por tantas e tantas gerações de consagrados não se restringiu a seu grupo específico. Ao contrário, chegou a todos os confins do mundo, como pede o Papa Francisco (2013, EG, n. 23): "Fiel ao modelo do Mestre, é vital que hoje a Igreja saia para anunciar o Evangelho a todos, em todos os lugares, em todas as ocasiões, sem demora, sem repugnâncias e sem medo. A alegria do Evangelho é para todo o povo, não se pode excluir ninguém". Dessa maneira, também se faz claro o sentido da palavra *católico*, que vem do grego *katholikós* e quer dizer "universal" – o anúncio é para todas as pessoas de boa vontade.

Quando se fala em anunciar em todos os cantos do mundo a fé no Cristo, no pesar do Papa Francisco (2013, EG, n. 11), cabe observar que o anúncio se dá de uma maneira muito peculiar: "Um anúncio renovado proporciona aos crentes, mesmo tíbios ou não praticantes, uma nova alegria na fé e uma fecundidade evangelizadora". Para tal, o anúncio do Evangelho deve constituir-se em alegria – a mesma alegria que o missionário teve com a experiência do Cristo deve estar presente no anúncio a todos os povos.

Nessa característica de missões *ad gentes*, ou seja, para todo o mundo, os religiosos são provocados a "testemunhar os valores evangélicos junto das pessoas que ainda não conhecem Jesus, dando assim uma específica contribuição para a missão" (João Paulo II, 1996, VC, n. 78). Sua vivência, seu modo de ser religioso, o carisma assumido após a consagração dos conceitos evangélicos e a alegria de ser consagrado sempre vão girar em torno do testemunho autêntico da pessoa de Cristo.

4.5 O anúncio de Cristo e a inculturação

Com a crescente expansão do cristianismo por meio das variadas formas de missões, hoje é urgente considerar o valor da inculturação, pois, mediante a observação da realidade de cada tempo e lugar, surge o questionamento: Como anunciar Cristo? Não cabe mais a mesma evangelização do período colonial para os tempos modernos. Assim, "O desafio da inculturação há de ser acolhido pelas pessoas consagradas como apelo a uma fecunda cooperação com a graça na aproximação às diversas culturas" (João Paulo II, 1996, VC, n. 79) e na aproximação ao tempo em que a sociedade e a Igreja vivem.

Observando-se os sinais dos tempos para o desafio da inculturação, faz-se necessário para os religiosos e religiosas um processo de preparação para assumir as frentes missionárias. Assim, nesse processo de inculturação, conta-se com "dotes maturos de discernimento, fiel adesão aos critérios indispensáveis de ortodoxia doutrinal, autenticidade e comunhão eclesial" (João Paulo II, 1996, VC, n. 79). Portanto, um verdadeiro processo de inculturação e de evangelização, principalmente em territórios desconhecidos, nos quais a fé cristã não se difundiu, requer que as pessoas assumam o autêntico caminho de maturação em Cristo.

Para isso, "a vida consagrada torna as pessoas particularmente preparadas para enfrentar o processo complexo da inculturação, visto que as habitua ao desprendimento das coisas e até mesmo de muitos aspectos da própria cultura" (João Paulo II, 1996, VC, n. 79). Desse modo, em virtude dos pontos aqui apresentados, está claro que a missão para os consagrados e as consagradas é um aspecto inerente à sua própria vida, pois a VRC por si, mediante os conselhos evangélicos, tende a assemelhar-se a Cristo, e o objetivo central de uma missão é levar a Boa-Nova de Cristo a todas as pessoas.

Indicações culturais

SEMANA Laudato Si' 2021 e lançamento do Curso Nos Passos de Francisco. **Farol 1817**, 24 maio 2021. 70 min. Disponível em: <https://www.youtube.com/watch?v=4QHwTtXVPYE>. Acesso em: 25 jan. 2023.

Na conferência de Dom Erwin Kräutler, presidente da Rede Eclesial Pan-Amazônica (Repam-Brasil), encontramos um testemunho de vida dedicada à missão na Amazônia. Os desafios do missionário conferem sentido à vida na medida em que os sinais manifestam a presença do Evangelho, no olhar, no sorriso e na transformação das pessoas e de toda a criação.

Síntese

Ser um religioso missionário não é tarefa fácil. A pessoa necessita sempre estar em movimento, buscando os sinais de Cristo. No entanto, nem todo religioso precisa construir um colégio em uma zona pobre e periférica para fazer missão; nem toda religiosa precisa construir paredes, estruturas e instituições para levar a Boa-Nova de Jesus. A missão é mais simples que isso. Está claro que, muitas vezes, é necessário institucionalizar e criar estruturas, mas a missão acontece no singelo; nos sorrisos, nos abraços, na vida em comunidade, no pão partilhado, nas músicas e nas alegrias dos povos, nos sinais de uma Igreja em saída e sempre aberta ao acolhimento. Por ocasião da beatificação de Madre Teresa de Calcutá, João Paulo II descrevia Teresa como uma mulher que "levava as almas para Deus e Deus às almas", aliviando a sede de Cristo, sobretudo das pessoas mais necessitadas, cuja visão de Deus tinha sido ofuscada pelo sofrimento e pela dor" (João Paulo II, 2003). Oxalá Deus não mais se ofusque pelo sofrimento da humanidade. Que não haja sofrimento, mas partilha e amor.

Atividades de autoavaliação

1. O que justifica a Igreja atuar "fora de seus muros", em hospitais, escolas e obras sociais?
   a) A Igreja não deveria atuar fora de seus muros.
   b) Em cada obra social gerida por comunidades religiosas há a oportunidade de cristianizar todos aqueles e aquelas que por essas obras passam.
   c) A Igreja é sinal manifesto do Evangelho. O Evangelho nos convida a enxergar a vida em sua totalidade, em todas as suas dimensões e características. Por isso, historicamente, a Igreja sempre se preocupou com a vida do ser humano, sua integralidade, saúde e formação.
   d) A necessidade de uma releitura do ser e da missão da Vida Consagrada à luz do contexto atual.
   e) O surgimento de novas iniciativas de consagração na realidade eclesial.

2. Qual é o sentido da inculturação para a Vida Religiosa Consagrada (VRC)?
   a) A fé precisa ser inculturada, descobrindo-se que a unidade não significa uniformidade, mas a harmonia na diversidade das culturas. A missão permanente da VRC é perceber a harmoniosa presença do Espírito Santo na interculturalidade.
   b) A VRC já aprendeu a totalidade de sua missão e não precisa envolver-se com outras realidades, pois a essência do Evangelho não convida à vivência em outras culturas.
   c) Quando a Igreja se propõe a fortificar suas obras missionárias, é com a intenção catequética de cristianizar outras culturas e formas de ver o mundo.
   d) Trata-se da dimensão carismática da comunidade religiosa em que se está. Há comunidades que são missionárias e há comunidades que não são missionárias.
   e) Todas as alternativas anteriores estão corretas.

3. Por que a Vida Religiosa Consagrada (VRC) é convidada a testemunhar a esperança?
   a) A VRC nasce da experiência da esperança, ainda em suas fontes evangélicas, mas não se apropria desse anúncio em sua missão.
   b) É necessário sair ao encontro e ultrapassar as fronteiras para anunciar a esperança da vida nova e da boa vida à humanidade. Missão singular da VRC, esse anúncio é parte fundamental de seu testemunho no mundo.
   c) Não existem outras estruturas ou organizações que anunciem a esperança, sendo uma dimensão exclusiva da VRC.
   d) O testemunho do Evangelho nos convida a ignorar as dores do mundo e ser sinal de conveniência e ordem.
   e) Todas as alternativas anteriores estão corretas.

4. Conforme os ensinamentos de Madre Teresa de Calcutá,

> Nós podemos curar as doenças físicas com a medicina, mas a única cura para a solidão, para o desespero e para a desesperança é o amor. Há muitas pessoas no mundo que estão morrendo por falta de um pedaço de pão, mas há muito mais gente morrendo por falta de um pouco de amor. A pobreza no Ocidente é um tipo diferente de pobreza – não é só uma pobreza de solidão, mas também de espiritualidade. Há uma fome de amor e uma fome de Deus.
> (Diocese de Santo André-SP, 2016)

Como a Vida Religiosa Consagrada (VRC) se aproxima das dores da humanidade e as abraça num gesto de amor e compaixão?
a) Estritamente pela vida de oração.
b) Sinalizando seus interesses políticos, econômicos e sociais para a conservação da Igreja em detrimento dos mais necessitados.
c) Na relação profunda e frutífera entre os mistérios do sagrado e as obras de evangelização: uma fé com obras e obras orientadas pela fé.
d) Sendo gestora de hospitais, escolas e outras instituições de cunho assistencialista.
e) Não há interesse nessa aproximação.

5. A relação teologal entre pobreza evangélica e ecologia integral considera que:
a) o seguimento do Cristo pobre passa pela proximidade existencial com o mundo dos pobres, que, na atualidade, associam seus clamores aos clamores da Casa Comum.
b) os maiores índices de problemas ambientais estão localizados nas realidades mais empobrecidas.
c) a Vidra Consagrada tem formas pastorais bastante eficazes de atuação no que se refere às questões ecológicas.

d) as comunidades consagradas, em geral, têm sido bastante proativas no atendimento a situações de pobreza oriundas de catástrofes ambientais.
e) Todas as alternativas anteriores estão corretas.

Atividades de aprendizagem

Questões para reflexão

1. Como você identifica as dores e os sofrimentos do mundo? Quais são os caminhos para que em sua vida se manifeste a força de acolher e abraçar as necessidades das pessoas? Faça uma breve pesquisa em seu território local e mapeie as dores de sua região. Não se prenda a um método formal de investigação, mas à percepção fundamental da escuta.

2. Faça uma pesquisa sobre as instituições religiosas que administram e gerenciam obras sociais, públicas e pedagógicas em sua cidade. Disserte sobre o que é comum em todas essas obras.

Atividade aplicada: prática

1. Pesquise o nome de irmãos e irmãs religiosos que foram importantes para o povo do Brasil. Após a pesquisa, crie um mapa da presença de religiosos e religiosas em cada região do país e descreva sua principal característica (exemplo: Santa Irmã Dulce dos Pobres criou o Hospital Santo Antônio na Bahia e curou muitos doentes pelo cuidado médico e pela acolhida...).

5
Os desafios da Vida Consagrada

Raquel de Fátima Colet

Em olhar retrospectivo aos temas abordados anteriormente, neste capítulo vamos apresentar os desafios que acompanham a Vida Religiosa Consagrada (VRC) em sua busca permanente pela fidelidade criativa à sua identidade e missão. Por *fidelidade criativa* entendemos um percurso que visa revisitar as intuições originárias de cada congregação/ordem/instituto e, sob as lentes do Evangelho, empreender um caminho de conversão e renovação que traduza essa experiência primeira em presenças, linguagens e atitudes significativas para o mundo de hoje. Nesse sentido, é oportuno considerar o contexto sociocultural e eclesial no qual as pessoas consagradas estão inseridas na atualidade, visto que, como indicado, a consagração é vivida na tessitura da realidade objetiva e subjetiva dos homens e das mulheres que assumem esse ideal de vida. Por isso, propomos que os desafios sejam entendidos não como situações-problemas que são colocadas e precisam ser erradicadas, mas como dinamismos existenciais que se apresentam como vias de reflexão no caminho de maturação do ser consagrado. Mais uma vez, transversalizam nossos olhares as intuições do Concílio Vaticano II e suas necessárias releituras, sobretudo a abertura da Vida Consagrada a uma autopercepção evangélica diante da realidade atual.

5.1 A fidelidade

Não é necessário um conhecimento muito aprofundado da história da Vida Consagrada para perceber que um dos grandes desafios das comunidades religiosas hoje diz respeito à diminuição de seus membros e ao impacto disso na continuidade do carisma fundacional e da missão que dele emana. Embora apresente uma situação objetiva, esse é um contexto muito complexo para leituras arbitrárias ou superficiais. É preciso dispor-se a fazer uma rigorosa análise *ad extra*, ou seja, da conjuntura atual da sociedade e da cultura, bem como uma honesta reflexão *ad intra*, isto é, com base nas experiências, nos sujeitos e nas estruturas que integram a VRC.

Um dos efeitos da mudança de *status* provocada pelo Vaticano II na autocompreensão da Vida Consagrada foi a superação de um ideal de perfeição restrito, em que a própria adesão ao estado de consagração se configurava mais como um ponto de chegada do que como um processo gradual no horizonte da santidade. Percebemos, por exemplo, o elemento de cultura familiar de décadas anteriores, em que era tradição um filho ou uma filha "entrar para o convento ou para o seminário". Obviamente, esse modelo gerou muitas pessoas santas, mas também agregou outras com motivações vocacionais frágeis ou condicionadas a fatores que, ante as mudanças, desencadearam crises e desistências. O processo de abandono da Vida Consagrada foi muito grande no período pós-conciliar, porque muitos religiosos que haviam assumido como motivação vocacional um ideal de santidade perceberam que poderiam vivê-lo também em outros estados de vida (Kearns, 1999).

Contudo, a ideia de uma "pessoa perfeita" ainda é bastante presente no senso comum e sustenta muitos estereótipos que desfocam do sentido verdadeiro do ser consagrado. Isso pode ser percebido, por exemplo, nos veículos de comunicação secular e mesmo nos espaços eclesiais. Tal como o clericalismo, alimentado muitas vezes pelo próprio laicato, essa visão reducionista é prejudicial para uma vivência madura do ser consagrado. A pessoa e a comunidade consagrada não podem ser realidades existentes dentro de uma redoma de seguranças objetivas e subjetivas que as isola dos dilemas do mundo; ao contrário, estão inseridas nele, vivendo as experiências que são próprias da condição humana e buscando ressignificá-las à luz de um sentido mais profundo, que envolve sua entrega livre, gratuita e consciente a Deus. Essa é a dinâmica que acompanha a oração de Jesus por seus discípulos no Evangelho de João (15,19), quando diz que eles estão no mundo, mas não são dele.

Os impactos do percurso pós-conciliar se fizeram sentir em diversos aspectos, como na diminuição paulatina da membresia das congregações e ordens, seja pelo decréscimo de admissões, seja pelo aumento de desistências. Evidentemente que esse não foi o único fator, mas marcou o movimento desencadeado pela renovação conciliar. Ainda hoje uma das grandes preocupações da Vida Consagrada, especialmente das congregações e dos institutos de histórias centenárias, é a diminuição de seus membros. O limitado e instável ingresso de jovens contrasta com o envelhecimento das gerações que integram as comunidades. A realidade das famílias, por sua vez, também se transformou, e a redução na taxa de natalidade traz reflexos para os índices de ingresso nas congregações.

Por consequência, há um impacto desse contexto nas formas históricas que comunicam os carismas. Os dados estatísticos revelam que 76% das ordens ou congregações masculinas com fundação anterior ao século XVI e 64% das surgidas antes do século XIX já não existem (Oliveira, 2013). Tanto na gestão da missão apostólica quanto nos serviços de governo de suas comunidades, províncias ou ordens/

congregações emerge o desafio de contar com pessoas para atuar de forma profícua no complexo contexto atual. Muitas estruturas – o que inclui de grandes e antigas construções a hábitos e costumes cotidianos – são heranças históricas que se transformam morosamente e consomem tempo e energia das comunidades consagradas, impactando a vitalidade da missão e das relações. A sustentabilidade financeira das comunidades é outro desafio que acompanha esse cenário.

Entretanto, seria muito superficial pensar a fidelidade somente por esse aspecto quantitativo e estrutural, visto que ser fiel tem muito mais a ver com a perseverança confiante e criativa em relação ao Evangelho do que com a fidelização de membresia e a manutenção de estruturas. *Permanência* nem sempre é sinônimo de *fidelidade perseverante*.

Para refletir

Ser fiel não é garantir adesão de membros, mas colocar-se, pessoal e comunitariamente, em escuta ativa do que o Espírito deseja suscitar em cada pessoa consagrada e em comunidade para que o carisma continue sendo expressão da presença e da ação de Deus no mundo.

No que concerne aos carismas, o caminho da fidelidade envolve a revisita à experiência originária dos fundadores e das fundadoras, integrando a herança recebida com a necessária adaptação às mudanças e transformações do tempo atual. Permanecem atuais as perguntas lançadas pelo Papa Francisco (2014) na abertura do Ano da Vida Consagrada:

> Os nossos serviços, as nossas obras, a nossa presença correspondem àquilo que o Espírito pediu aos nossos Fundadores, sendo adequados para encalçar as suas finalidades na sociedade e na Igreja atual? Há algo que devemos mudar? Temos a mesma paixão

pelo nosso povo, solidarizamo-nos com ele até ao ponto de partilhar as suas alegrias e sofrimentos, a fim de podermos compreender verdadeiramente as suas necessidades e contribuir com a nossa parte para lhes dar resposta?

Sobre o desaparecimento de alguns carismas, Oliveira (2013, p. 110) opina que não se trata de um esgotamento das possibilidades históricas destes, mas da falta de coragem dos membros das comunidades religiosas de reinventar o carisma, "de torná-lo atraente a cada momento e em cada lugar onde ele estava presente". É preciso cultivar as intuições originárias, revisando suas roupagens estruturais, metodológicas e de linguagem.

> A vida consagrada não é chamada a repetir ou refazer o que realizaram os fundadores, mas a fazer o que fariam hoje na fidelidade ao espírito de Jesus Cristo para responder às exigências apostólicas de nosso tempo: fidelidade para voltar às fontes que vai além de acomodar-se no retorno às raízes; e criatividade em direção ao futuro que vai além da ilusão nos ideais. (Martinez, 2003, p. 540, tradução nossa)[1]

Para algumas congregações, surgidas em contextos e com intuitos bem específicos, esse exercício de revisão é ainda mais exigente, pois implica considerar o sentido e o lugar desse carisma na atualidade. Tem-se assistido a situações crescentes de congregações que, por falta de membros e pela necessidade de recolocação pastoral do carisma, empreenderam experiências intercongregacionais, tanto na via espiritual e fraterna/sororal quanto no trabalho apostólico.

Essa perspectiva remete àquilo que o Concílio chamou de *processo de refundação da Vida Consagrada* e que, atualmente, é abordada como

---

[1] "La vida consagrada no está llamada a repetir o rehacer lo que los fundadores realizaron, sino a hacer lo que hoy harían en fidelidad al espíritu de Jesucristo para responder a las exigencias apostólicas de nuestro tiempo: fidelidad de vuelta a las fuentes que va más allá de afincarse en el retorno a las raíces; y creatividad de cara al futuro que va más allá de la ilusión en los ideales".

via de desconstrução ou mutação substancial, o que implica uma séria revisão de modelos e estruturas que não falam mais ao mundo de hoje. Na base dessa transformação está o vínculo com o Mistério Pascal de Cristo do "morrer para ressurgir" (Kearns, 2019, p. 99), traduzido por Jesus no Evangelho como a doação da semente de trigo que, quando se recusa à entrega, permanece só (Jo 12, 24). Para Oliveira (2013, p. 110), trata-se da "coragem para morrer ao que não lhe é o mais essencial", deixando-se de lado "vários penduricalhos" acumulados ao longo da história e que impedem as pessoas consagradas de viver "com liberdade a vida nova de pessoas ressuscitadas em Cristo (Rm 6,1-14). Essa busca da essencialidade envolve percursos individuais e comunitários.

Sob essa ótica, identificam-se elementos de ordem subjetiva e objetiva que explicitam desafios que acompanham a busca da fidelidade consagrada. Por um lado, o apelo de renovação levou à revisão de elementos externos e organizacionais das congregações e dos institutos, como constituições e estatutos, formato dos exercícios espirituais, estilo do hábito religioso, perfil de estruturas e obras, metodologias de trabalho, entre outros. De outra parte, sabemos que, no que se refere à vida da fé, a base de toda mudança reside no caminho espiritual, o que também se aplica a uma autêntica renovação e atualização da VRC (Paulo VI, 1965b, PC, n. 2).

Como indicado por Kearns (2019, p. 94), "a ressignificação da Vida Consagrada acontecerá, primeiramente, pela recuperação da espiritualidade, como forma de reencontrar as próprias raízes e garantir novos caminhos para o futuro". A fidelidade criativa emana dessa consciência interior de saber-se amado e chamado por Deus, que ecoa na resposta generosa em configurar tudo o que envolve o ser consagrado – também suas estruturas e mediações históricas – na vivência do Primado do Absoluto.

5.2 A formação permanente

Um caminho privilegiado para a Vida Consagrada é a formação permanente. Por parte das congregações e institutos, há um empenho formativo, sobretudo nos anos iniciais do ingresso da pessoa consagrada, fundamental para um autêntico discernimento vocacional e o aprofundamento de suas motivações. São vários os âmbitos dessa formação, que engloba questões antropológicas, teológicas e espirituais, aprofundamento do carisma próprio, aspectos técnicos e profissionais, entre outros.

Para refletir

A Vida Consagrada é uma experiência em permanente construção, o que demanda atenção às mediações que favoreçam sua maturação.

Como já dito, ao colocar a busca da santidade no horizonte da doação a Deus, da comunhão eclesial e do discipulado de Cristo na missão, o Concílio apontou não para um estado de perfeição, mas para um caminho mistagógico. Esse itinerário envolve, sim, a consciência do chamado divino para uma experiência singular e radical de doação a Deus, mas não ignora as travessias humanas e contextuais vivenciadas no processo de discernimento. A formação contemporânea das pessoas consagradas ganha em qualidade e coerência quando assume a interlocução com alguns âmbitos da ciência e da cultura, especialmente em relação às ciências humanas.

A palavra-chave desse itinerário é *discernimento*, que, sob diferentes ênfases, acompanha a pessoa e a comunidade consagrada durante toda a vida. O propósito do discernimento é o amadurecimento progressivo das motivações para ser e permanecer nesse estado de vida. Tão importante quanto um sadio acompanhamento vocacional nas etapas iniciais é assegurar meios para que esse crescimento integral aconteça. Nesse sentido, Oliveira (2013) fala do papel da animação vocacional como acompanhamento que visa educar para a missão, e não recrutar candidatos. Segundo o autor, "quando há recrutamento e não animação vocacional séria, as pessoas terminam ficando nos institutos religiosos mais pelas vantagens do que pela opção que brota da fé no Deus que chama" (Oliveira, 2013, p. 66).

Há que se considerar, contudo, que, seja pelas mudanças contextuais, seja pelas transformações que acompanham o desenvolvimento pessoal, essas referências formativas necessitam ser constantemente revisitadas e atualizadas. Como considera Kearns (2019, p. 90), é preciso assumir que "o sentido da consagração muda com o tempo e com a idade" e que se faz necessária a "meditação sobre o crescimento ou falta de crescimento na consagração". Isso reflete o dinamismo do processo de permanente de conversão que marca o itinerário de vida de uma pessoa consagrada, imprimindo sentido renovado e criativo à vida e à missão.

A formação permanente precisa ser uma formação integral, ou seja, deve ocupar-se de todas as dimensões que integram o ser da pessoa consagrada e estender-se ao acesso a recursos e ferramentas que qualificam sua presença na Igreja e no mundo. Se, até certo tempo, uma qualificação acadêmica robusta e profissional era vista com certas ressalvas ou como desnecessária para as pessoas consagradas, sobretudo para as mulheres, hoje se observa que, além das basilares disposições evangélicas do amor-serviço, é preciso um aporte de conhecimento científico e técnico que ajude a pessoa consagrada a viver sua missão.

Por um lado, há uma exigência legal de profissionalização, o que se aplica a quem atua na área da saúde, na área social, na educação ou em qualquer outra. Por exemplo, se até pouco tempo atrás tínhamos um cenário em que o religioso era polivalente, assumindo funções que iam desde a condução de uma sala de aula até a provisão dos recursos dessa obra, hoje a complexidade da realidade leva a perceber que tanto o exercício docente quanto a gestão de recursos e pessoas requerem uma capacitação específica.

Em consequência, a qualificação dos membros de um instituto religioso exige um processo de formação permanente e que tenha incidência estrutural. Como um projeto que envolve gestão de pessoas e de recursos, é perceptível que, em comparação com outras épocas históricas, as pessoas consagradas lidam com situações extremamente complexas, que, muitas vezes, parecem andar na contramão dos valores assumidos pela consagração. Como lidar, por exemplo, com situações em que a sustentabilidade financeira se configura como uma das preocupações mais latentes para a continuidade das obras e dos projetos de missão e apostolado, bem como para a subsistência dos membros? De outra parte, como traduzir o dinamismo do carisma em iniciativas que tenham uma intencionalidade evangélica e pastoral e que não brotem de um amadorismo ativista baseado na realização quantitativa de atividades e ações, muitas das quais desprovidas de propósitos?

Por mais confiantes que a pessoa e a comunidade consagrada sejam na Providência de Deus, que veste os lírios do campo e alimenta os pássaros do céu (Mt 6,24ss), elas se verão colocadas diante de um necessário e exigente discernimento acerca dos meios e recursos que historiciza seu carisma e a forma de viver a consagração. Nesse sentido, é louvável o dedicado exercício, não sem desafios, que muitas congregações têm feito no sentido de otimizar suas estruturas e profissionalizar seus processos, utilizando-se de ferramentas de gestão moderna e compartilhando com pessoas leigas alguns processos internos. Se, em determinada época, as congregações tradicionais davam conta de sustentar minimamente suas frentes de missão com a contribuição de benfeitores e benefícios de organismos públicos, hoje a incidência da legislação vigente e outras dinâmicas do cenário sociocultural exigem dos consagrados e das consagradas uma postura diferenciada sobre essa questão. A reflexão de Raschietti (2015, p. 175) sobre esse aspecto é contundente quando afirma que

> as missões promovidas pelos religiosos e religiosas necessitam continuamente de aprimoramento de conhecimento, de organização e de competências em diversos setores de atividades, segundo os diversos carismas e projetos. Quanto mais desafiadora é a missão, pelo limiar onde se encontra a atuar ou pelas exigências impostas pela sociedade contemporânea, mais os agentes engajados precisam se especializar e se profissionalizar: serviços e intervenções marcadas pela incompetência e pela mediocridade levam, hoje em dia, à inevitável ineficácia e irrelevância.

Trata-se, contudo, de um aspecto que não se restringe ao desempenho funcional que incide diretamente nas estruturas organizacionais das congregações e dos organismos religiosos, sejam institucionais, sejam de projetos e ações de outro perfil. A VRC não é uma corporação empresarial focada no cumprimento de metas para obtenção de resultados. Como é previsível, essas exigências no plano temporal afetam e são afetadas pela subjetividade pessoal e coletiva da consagração, de maneira que muitos consagrados entram em conflito de consciência diante de uma revisão de estratégias no modo de desenvolvimento da missão. Outros mergulham de tal forma nesse aperfeiçoamento funcional que descuram do propósito evangélico que está no cerne de toda busca de conversão, seja das pessoas, seja das estruturas. Onde estaria, então, o ponto de equilíbrio?

Em vista disso, a vigilância orante e o cultivo de uma mística do cotidiano são elementos fundamentais para que as pessoas consagradas, especialmente aquelas que desempenham tarefas de liderança, assumam a governança e a gestão de processos e pessoas como exercício de discernimento em prol da fidelidade criativa ao carisma e à missão, sem se sentirem abduzidas pelas demandas de um negócio a ser mantido.

Ao mesmo tempo, é preciso entender que essa busca de qualificação e profissionalização é também uma atitude de resposta fiel à vocação, aprimorando-se os dons recebidos de Deus e traduzidos em presenças significativas entre seu povo, particularmente os mais empobrecidos. Essa é uma característica notável na pessoa dos fundadores e fundadoras. O que está em jogo não é a manutenção ou não das estruturas, mas o discernimento sobre o lugar e a tarefa delas na vivência do amor radical ao Reino. Por essa razão, é tarefa das comunidades fraternas, mas também compromisso pessoal de cada pessoa consagrada.

Da mesma forma, as fragilidades organizacionais e as exigências no âmbito da formação podem atuar como situações mobilizadoras para o encontro e a cooperação entre a Vida Consagrada e outros organismos afins. Com os devidos discernimentos, a cooperação e o engajamento em experiências da sociedade civil, do meio religioso e cultural têm contribuído grandemente para esse aprimoramento pessoal e comunitário do ser consagrado. Em nível de Brasil, percebemos efetivamente esse movimento colaborativo nas iniciativas formativas empreendidas pela Conferência dos Religiosos do Brasil (CRB), tanto aquelas voltadas para o aspecto organizacional quanto aquelas relacionadas ao acompanhamento do itinerário vocacional das pessoas consagradas em suas diferentes etapas. Esses espaços de representatividade e articulação da VRC também desempenham igual importância no âmbito da Igreja universal e continental, possibilitando, ao mesmo tempo, cultivar um sentido de pertença e comunhão que transponha as fronteiras geopolíticas, culturais e congregacionais e também uma atitude de escuta ativa e criativa aos apelos da realidade mais próxima de cada grupo.

5.3 O desafio da liberdade na obediência

Na indicação dos desafios da Vida Consagrada, a Exortação Apostólica Pós-Sinodal *Vita Consecrata*, exaustivamente referenciada nesta obra, estabelece uma descrição com base nos três conselhos evangélicos (João Paulo II, 1996, VC, n. 87-91). Uma primeira consideração a ser feita – ou retomada do que já foi sinalizado no primeiro capítulo – é reafirmar que a vivência da obediência, da castidade e da pobreza se dá sob a ótica do dom, e não da privação ou de uma renúncia arbitrária. Em outras palavras, os desafios acerca deles não correspondem a uma dificuldade quase heroica de vivê-los objetivamente, mas à importância de entendê-los e assumi-los com profundidade e coerência na ausculta dos sinais de Deus em cada momento histórico. Os votos, de caráter público ou privado, perpétuos ou temporários, conforme descritos no Direito Canônico (CNBB, 1983, Cân. 654-658) – que muitos institutos religiosos emitem como ratificação da vivência dos conselhos evangélicos –, não podem ser entendidos sob a lógica simplista do "pode e não pode". Eles não são um fardo a ser carregado, mas atuam como asas que impulsionam a amplitude e a profundidade da doação de si a Deus e ao próximo.

Refletimos anteriormente sobre a obediência como dependência filial e confiança recíproca (João Paulo II, 1996, VC, n. 21), que dispõe a pessoa consagrada a uma atitude de ausculta comprometida com o projeto de Deus, para além de sua própria vontade. Ou seja, a obediência fala diretamente à liberdade. Nesse sentido, o desafio reside justamente na compreensão equivocada da liberdade, em que o foco deixa de ser o humano integrado nas relações e corresponsável, por meio de sua individualidade, pela missão comum e passa a depender de uma anuência com base em gostos e pontos de vista. Se, de um lado, a liberdade fala ao terreno sagrado da consciência, de outro, ela não é sinônimo de absolutização de pontos de vista ou opiniões pessoais, nem de dependência irreflexa de determinações de outrem.

Para refletir

Na contemplação da obediência de Cristo ao Pai, a pessoa consagrada é convidada a viver sua obediência como "um caminho de progressiva conquista da verdadeira liberdade" (João Paulo II, 1996, VC, n. 87).

Isso envolve, simultaneamente, um processo autêntico de descoberta, acolhida e saída de si. Ou seja, por um lado, é (re)conhecer-se como filho e filha amada do Pai e, por outro, saber-se irmão e irmã de pessoas com as quais compartilha o itinerário de fé e vida.

Essa dimensão intrapessoal é importante porque, historicamente, em nome da obediência religiosa, muitas individualidades foram silenciadas. A obediência cega não é virtude, pois impede a oferenda gratuita da liberdade e o compromisso consciente e maduro com a missão comum. Obedecer implica um sentido de pertença e uma participação dialógica no discernimento dos caminhos do Espírito na vida da pessoa consagrada, de sua comunidade e congregação. Infelizmente, os resquícios de uma obediência entendida como submissão absoluta à vontade e aos desejos de alguém que desempenha a função de superior ou superiora acabaram gerando consagrados emocionalmente frágeis e infantilizados, além de pastoralmente passivos. Uma das palavras-chave da obediência é *corresponsabilidade*. Obedecer não significa transferir a outrem os processos decisórios pessoais, acatando arbitrariamente ordens e solicitações. A obediência é, em primeiro plano, a escuta atenta e generosa dos apelos de um projeto comum, para o qual cada um contribui por meio dos dons de sua personalidade e de suas convicções.

Se, por um lado, se verifica o desafio da vivência de uma obediência pautada na corresponsabilidade e na subsidiariedade, por outro, é colocado em questão o modelo sob o qual se entende e assume a tarefa de superior e superiora em suas diferentes instâncias. A concepção pré-conciliar que perdurou por séculos, em que a pessoa colocada nessa função era reverenciada como detentora de um poder exclusivo e absoluto sobre as situações e o destino de uma comunidade religiosa, não cabe mais no tempo presente. Isso se dá não somente por uma questão de leitura de mundo e percepção da evolução de valores como democracia e participação, mas, sobretudo, por um princípio teologal firmado na dignidade batismal de cada pessoa consagrada. Dessa forma, a vontade de Deus a ser buscada pela comunidade passa pela fidelidade de todos os seus membros, no exercício corresponsável e cotidiano de escuta, discernimento e ação evangélica.

Além disso, muitos institutos religiosos têm dificuldade em efetivar modelos dialógicos de exercício da autoridade, seja pela limitação do elemento humano, seja pela existência de estruturas rígidas incapazes de escutas significativas. Por vezes, deseja-se uma participação mais efetiva dos membros nos processos decisórios, mas não se assume a forma mais adequada de fazê-lo. É uma questão de método. Em contraponto, por corresponder a um movimento que tira a pessoa consagrada e as comunidades de seu *status quo*, nem todos estão dispostos a assumir o ônus do diálogo. Se anteriormente acenamos para os riscos de uma obediência cega, aqui percebemos as nuances de uma obediência apática, que acolhe o que convém e no tempo igualmente conveniente.

Ao discorrer sobre os elementos do mundo contemporâneo que impactam a VRC, Libanio (2005) fala justamente do medo da liberdade e da responsabilidade. Dado que a liberdade fundamental ou teológica se vincula ao "cerne do próprio eu", o processo de discernimento e escolha da vocação voltado para uma perspectiva de eternidade causa resistência, pois "envolve o ser humano na sua totalidade para a vida e a morte" (Libanio, 2005, p. 173). Isso é verificável, por exemplo, no contexto da preparação e da emissão dos votos perpétuos, no qual uma escolha que se entende ser "por toda a vida" parece ser tempo demasiado. Como dito pelo teólogo citado anteriormente,

> Numa cultura do provisório e descartável, a liberdade, vivida no sentido pleno de entrega de si ao Transcendente, atemoriza pelo seu caráter de definitividade. É uma liberdade que se realiza não no mundo das coisas, mas em confronto com outras liberdades, que exprimem e concretizam para nós a liberdade do Deus que nos chama. (Libanio, 2005, p. 174)

O caminho de possíveis respostas para o medo da decisão reside numa formação para a liberdade, em que esta seja assumida simultaneamente como conquista e dom. A gratidão e a responsabilidade figuram, então, como atitudes que emanam dessa consciência da dádiva na relação com Deus e com as pessoas (Libanio, 2005), que sustentam um salutar e fecundo sentido de pertença.

Kearns (2019) considera que, de todos os votos, é na obediência que reside o maior desafio para as novas gerações de consagrados e consagradas. No pano de fundo dessa problemática está um crescente individualismo egocêntrico que supervaloriza a liberdade humana. Tal aspecto não está restrito à vida consagrada, mas a provoca de modo particular, visto que a renúncia é um aspecto inerente da consagração, que expressa a maturidade do discernimento. Entre as possibilidades que se apresentam, a pessoa consagrada assume livre e conscientemente as realidades e os processos que são coerentes com sua opção de vida, que também foi assumida na liberdade.

5.4 A castidade consagrada

Dos conselhos evangélicos, a castidade é possivelmente o mais controverso na mentalidade popular – e, por vezes, no interior da própria Vida Consagrada – e o menos compreendido. O imaginário ainda lida com uma visão excessivamente sexualizada do ser casto. Felizmente, o Vaticano II motivou uma abordagem mais positiva da sexualidade, superando visões que reduziam a castidade a questões de virgindade, genitalidade e proibição do casamento, que reforçavam a visão de pecado (Kearns, 2019). Ainda permanece, entretanto, o desafio da acolhida da afetividade e da sexualidade humana como dom e como dimensão que amplia a dimensão do amor consagrado.

> A sexualidade fala de um amor radical a Deus. É uma renúncia alegre para que toda capacidade sexual seja livremente orientada para o amor a Deus. Fala de um amor exclusivo e apaixonante pela pessoa de Deus e de ser amado por Ele no concreto da vida. Pela castidade e por opção livre, um religioso vive em e por Deus. (Kearns, 2019, p. 124)

Nota-se aqui que o ponto de partida não são as renúncias às relações afetivas que o amor casto implica, mas o sentido da capacidade de amar castamente e a escolha fundamental por cultivar um coração indiviso, que, como o de Jesus, propõe-se a amar a todos e até o fim (Jo 13,1). "A castidade não é vista como limitação, como renúncia, como castração, mas como uma opção que liberta a pessoa para um modo diferente de amar em profundidade" (Oliveira, 2013, p. 78). Para a VRC, a castidade assumida no celibato expressa uma entrega sem reservas da pessoa consagrada em sua totalidade (Oliveira, 2013).

A vivência da castidade hoje lida com os desafios de contrapor uma cultura hedonista (João Paulo II, 1996, VC, n. 88), que cultua os corpos e instrumentaliza a sexualidade como fim em si mesma. A afetividade é assumida como um campo vasto de possibilidades e experimentações sem critérios e sem valores. Mais uma vez, lidamos com extremos: anteriormente, na mentalidade pré-conciliar, vigorava uma visão rígida, plasmada em uma compreensão da sexualidade como pecado e sob o risco deste. De outra parte, assistimos na atualidade uma sexualização desregrada das relações, reforçada por estímulos visuais abertamente presentes nos meios de comunicação e nas redes sociais, acessível a todos os públicos, inclusive às pessoas consagradas.

Nesse contexto, o convite à Vida Consagrada é o testemunho "de uma castidade vivida por homens e mulheres que demonstram equilíbrio, domínio de si, espírito de iniciativa, maturidade psicológica e afetiva" (João Paulo II, 1996, VC, n. 88). Nesse percurso, há que se reconhecer o contributo indispensável dado pelas ciências humanas, especialmente a psicologia e a psicanálise, para uma vivência mais integrada da castidade, o que implica a superação de tabus, um autêntico autoconhecimento, a revisita reconciliadora das histórias pessoais e seus traumas, a integração do dinamismo sexual no cotidiano da consagração.

Para refletir

O caminho da castidade é o caminho da integração da pessoa consagrada com as dimensões de sua humanidade, o que envolve sua corporeidade, suas emoções e seus sentimentos.

Considerando-se o *modus vivendi* dos consagrados e das consagradas, é possível perceber que muitos excessos e imaturidades que transparecem nas relações interpessoais, em posturas resistentes e radicalizadas na prática pastoral, na rigidez irreflexa acerca de aspectos morais e éticos explicitam uma castidade não integrada. Nesse ponto, não há como não fazer referência à ferida dos abusos sexuais, cometidos também por pessoas consagradas, que maculam e envergonham a Igreja e deixam marcas profundas na vida das vítimas e de suas famílias.

Na atualidade, o desafio do amor casto também se revela na urgência de uma revisão das relações de gênero na Igreja e, particularmente, na Vida Consagrada. A dependência histórica a que as mulheres foram e são submetidas em nome de uma pretensa superioridade natural do masculino – que nada tem de evangélico – evidencia que a castidade envolve diretamente a problematização das relações de poder. Em tempos em que a perspectiva de pluralidade envolve também a autopercepção humana da própria sexualidade, "é de suprema importância que os religiosos consigam a autoaceitação e o autoconhecimento sobre sua orientação sexual e aprendam, explicitamente, o que é exigido como pessoas consagradas" (Kearns, 2019, p. 129).

O processo formativo inicial e permanente precisa se debruçar com atenção sobre essas questões, a fim de contribuir para um discernimento orientado para uma crescente integração da realidade pessoal e comunitária da castidade, pois uma sexualidade madura sustém um dinamismo oblativo que impulsiona a pessoa consagrada na direção do outro, seja na comunidade, seja na missão apostólica.

5.5 O desafio da pobreza

A pobreza assumida por amor ao Reino e em seguimento a Cristo pobre é para o mundo de hoje, ávido pelo acúmulo de bens, um sinal profético de que a verdadeira riqueza é a partilha. Diante de sistemas que instrumentalizam a economia e a política para fins de acúmulo de bens e poder, o que gera uma multidão de excluídos, "a **resposta** da vida consagrada é dada pela profissão da **pobreza evangélica**, vivida sob diversas formas" e comprometida com a "promoção da solidariedade e da caridade" (João Paulo II, 1996, VC, n. 89, grifo do original).

De modo imediato, a pobreza remete à sobriedade e à transparência no acesso e uso dos bens materiais. Contudo, a escolha por viver com o essencialmente necessário não se restringe à posse de coisas, objetos, entre outras posses móveis e imóveis. "Diferente do que se costuma pensar, a pobreza evangélica não é a negação do valor das coisas e das pessoas, mas a capacidade de compreender em profundidade o seu valor" (Oliveira, 2013, p. 79). Fruto dessa compreensão ampliada são a maturidade e o discernimento nas relações.

Na conjuntura atual, marcada pelo avanço tecnológico e por inúmeros inventos que objetivam contribuir com a humanidade – embora muitas vezes a alienem –, o caminho da pobreza não está em rejeitar a novidade, mas em discerni-la. A serviço do que e de quem estão nossos bens? E aqui é válido pensar não somente nos recursos materiais, mas também nos bens intelectuais, coletivos e culturais, no conhecimento científico, na tecnologia.

Na qualidade de convite à partilha, a pobreza é também a consciência do pecado social do qual todos participamos à medida que nos tornamos e nos mantemos indiferentes às estruturas socioeconômicas e também religiosas que sustentam a desigualdade, privilegiando a uns em detrimento de outros. Um dos desafios da Vida Consagrada é a coragem de perguntar-se sobre o sentido de suas estruturas e de seus recursos, desde uma realidade institucional até as experiências de inserção em meio popular. A proximidade com a realidade geográfica e existencial dos pobres é pedagógica na vivência da pobreza, mas não garante a proximidade de vida e coração, tal como aquela que Jesus viveu com os pobres de seu tempo e a que as pessoas consagradas são convidadas a seguir.

Sob a ótica do despojamento, um apelo da pobreza atual diz respeito à capacidade de empatia e abertura diante de um mundo plural. Oliveira (2013) chama isso de *pobreza-presença* e vincula-a à capacidade de uma relação aprendente com a diferença. Historicamente, as experiências religiosas foram se configurando como instâncias que oferecem respostas e, muitas vezes, acabaram assumindo essa prerrogativa com certa vaidade. As diferentes expressões da diversidade em um mundo globalizado manifestam que as perguntas já não são as mesmas e que é coerente rever como nossas linguagens e narrativas dialogam com as mulheres e homens de nosso tempo, em suas buscas existenciais. Diante de uma realidade em permanentes e complexas mudanças, o Evangelho nos indaga sobre a disposição de abrir mão de certezas rígidas e respostas prontas, as quais se caracterizam como redomas de segurança para a identidade cristã. A escuta ativa e gratuita é uma via salutar para qualificar a presença cristã no mundo. Isso não significa relativizar os princípios e valores evangélicos, mas crescer na humildade de reconhecer que eles não são posse e patrimônio de um grupo seleto e que, na lógica do caminho, todos estamos a caminho. Ontem e hoje, o Espírito tem seus caminhos e continua soprando onde quer (Jo 3,8).

Por fim, o desafio da pobreza evangélica hoje contempla uma dimensão ecológica. Essa tese se firma na dimensão da ecologia integral e sua reafirmação da interdependência de todos os seres (Francisco, 2015, LS, n. 16). Falamos, assim, não unicamente de uma tarefa voltada às questões ambientais, fruto da preocupação com o futuro do planeta e a preservação dos recursos naturais. O conselho evangélico da pobreza se expressa na solidariedade com a Casa Comum. Isso se dá não em razão do que pode vir a ser – ou, no caso, do que pode vir a faltar no que se refere às condições e aos recursos para a manutenção da vida no planeta –, mas por uma solicitude legítima com a obra criada, na tarefa comum de guardiães da Criação (Gn 2,15).

Essa presença e pertença solidárias com a terra falam a uma outra dimensão fundamental do ser cristão, que é a opção preferencial pelos pobres. Como destacado pelo Magistério latino-americano, essa opção é um traço notável da VRC no continente e permeou seus processos de renovação nas terras ameríndias (Celam, 2004, Documento de Puebla, n. 733). Radicada na fé cristológica, essa opção leva ao compromisso com a mesma escolha feita pelo Filho de Deus, que foi a de estar entre os pobres. Consciente e próximo das pobrezas de seu tempo, "entre os mais pobres, Jesus realiza a sua missão. Ao se referir aos pobres, ele está olhando para aqueles totalmente expropriados de tudo, que estão em seus limites" (Rautmann, 2019, p. 95).

Se olharmos para as experiências originárias dos carismas fundacionais, nós os encontraremos sendo gestados e amadurecidos na relação com as pessoas empobrecidas e em serviço a elas. Sob essa ótica, há que se entender e assumir que a fidelidade profética ao dom do Espírito comunicado por esses carismas convida ao zelo a essa dimensão fundamental.

> A opção pelos pobres inscreve-se na própria dinâmica do amor, vivido segundo Jesus Cristo. Assim estão obrigados a ela todos os seus discípulos; mas aqueles que querem seguir o Senhor mais de perto, imitando as suas atitudes, não podem deixar de se sentirem implicados de modo absolutamente particular em tal opção. A sinceridade da sua resposta ao amor de Cristo leva-os a viver como pobres e a abraçar a causa dos pobres. Isto comporta para cada Instituto, de acordo com o seu carisma específico, **a adoção de um estilo de vida**, tanto pessoal como comunitário, **humilde e austero**. (João Paulo II, 1996, VC, n. 82, grifo do original)

Atualizando essa dimensão genuína do Evangelho, um dos eixos que transversalizam a Carta Encíclica *Laudato Si'* é a relação íntima entre os pobres e a fragilidade do planeta (Francisco, 2015, LS, n. 16). O Papa Francisco é consciente de que são eles que sofrem de maneira mais direta e contínua com os fenômenos do desequilíbrio ambiental e seus correlatos. Essa constatação reforça a tese da raiz humana da crise ecológica (Francisco, 2015, LS, n. 101), em que a degradação ambiental é reflexo do descompasso no ambiente humano. Assim, a ecologia integral não é um discurso idealista e poético, visto que "não podemos deixar de reconhecer que **uma verdadeira abordagem ecológica sempre se torna uma abordagem social**, que deve integrar a justiça nos debates sobre o meio ambiente, para ouvir **tanto o clamor da terra como o clamor dos pobres**" (Francisco, 2015, LS, n. 49, grifo do original).

Tendo isso em vista, **podemos falar da terra e dos pobres da terra como lugares teológicos que interpelam a pobreza evangélica da VRC em nossos dias**. Frutos bonitos dessa atitude ecológica assumida como expressão de fé e amor-serviço já têm sido colhidos, seja por iniciativas próprias dos institutos e ordens, seja de maneira intercongregacional. Porém, ainda é preciso avançar no sentido de compreender que a solidariedade com a Casa Comum não é um projeto pastoral ou institucional a ser assumido, e sim um percurso que envolve interioridade e, por isso, mergulha-nos numa dinâmica de conversão e revisão de vida pessoal e comunitária. Isso se torna ainda mais desafiante porque, muitas vezes, alguns elementos do estilo de vida da VRC ou de suas estruturas – o mesmo se pode dizer de alguns âmbitos eclesiais – não traduzem a sobriedade sustentável que somos chamados a assumir.

Indicações culturais

CNBB – Conferência Nacional dos Bispos do Brasil. Cardeal Dom João Braz de Aviz diz que a palavra de ordem na VRC é renovação. **Vatican News**. Disponível em: <https://media.vaticannews.va/media/audio/s1/2019/12/30/08/135409425_F135409425.mp3>. Acesso em: 25 jan. 2023.

Nesse *podcast*, o Cardeal João Braz de Aviz, atual prefeito da Congregação para os Institutos de Vida Consagrada e as Sociedades de Vida Apostólica, aborda o panorama atual da Vida Consagrada, indicando desafios e possibilidades.

Síntese

Nossa reflexão neste capítulo se ocupou dos desafios atuais da Vida Religiosa Consagrada (VRC), considerando os desafios para além de problemas pontuais a ser resolvidos e assumindo-os como situações amplas e contextuais, diretamente ligadas à conjuntura do mundo e da sociedade contemporâneos. O primeiro deles diz respeito à fidelidade, entendida para além da fidelização de membros – embora a diminuição no número de consagrados também seja um dilema atual –, e à manutenção de um *status quo*, mas envolvendo o ser fiel como atitude pessoal e comunitária de escuta ativa do Espírito. Um segundo desafio remete à necessidade de uma formação permanente e integral, que contemple todas as dimensões do ser consagrado, como experiência em permanente maturação e crescimento. Os três desafios seguintes orientam-se aos conselhos evangélicos e consideram a necessidade de uma vivência da obediência como caminho crescente na conquista da verdadeira liberdade; da castidade como via de integração dos afetos e das relações; e da pobreza como relação madura, sustentável e justa com os recursos, não somente os materiais, mas também os oriundos da técnica, da produção científica, do trabalho e do desenvolvimento humano.

Atividades de autoavaliação

1. A fidelidade se apresenta como um desafio à Vida Consagrada em decorrência:
   a) dos índices de desistências de pessoas consagradas.
   b) da diminuição de jovens que se dispõem a fazer o acompanhamento vocacional.
   c) da falta de pessoas e recursos para manter as instituições e os projetos missionários das congregações.
   d) da necessidade de uma releitura do ser e da missão da Vida Consagrada à luz do contexto atual.
   e) do surgimento de novas iniciativas de consagração na realidade eclesial.

2. Acerca da formação permanente, pode-se afirmar:
   a) O desafio principal corresponde a uma adequada capacitação profissional para lidar com as questões da conjuntura atual na missão apostólica.
   b) A ênfase a ser dada é sobremaneira espiritual, pois é a dimensão de maior relevância da VRC.
   c) É um aspecto do qual precisam se ocupar exclusivamente as instâncias de governo e a liderança da VRC.
   d) Trata-se de experiências formativas que, em vista da identidade própria da VRC, concentram-se nos projetos e nas ações propostas pelas congregações e institutos.
   e) Vincula-se à compreensão de que o caminho de discipulado da pessoa consagrada é uma experiência permanente de aprendizado que envolve todas as suas dimensões.

3. A obediência vivida na liberdade se torna um desafio contemporâneo para a Vida Religiosa Consagrada (VRC), dado que:
   a) as congregações têm algumas estruturas históricas rígidas que impedem a formação de sujeitos livres.
   b) há, no contexto atual, uma compreensão equivocada de liberdade desconectada do princípio da responsabilidade e do sentido de pertença.
   c) existe um descompasso entre a liberdade compreendida pela VRC e a noção de liberdade da sociedade atual.
   d) há necessidade de intervir nos espaços de liderança e governo da VRC.
   e) Todas as alternativas anteriores estão corretas.

4. Sobre a castidade consagrada na qualidade de experiência de um amor indiviso e doado, não se constitui como interpelação para a sua vivência:
   a) a cultura hedonista.
   b) a diversidade como expressão legítima de uma sociedade plural.
   c) a hipersexualização das relações, fortalecida pelos apelos midiáticos.
   d) a rigidez e o fundamentalismo moral, muitas vezes reforçado por elementos religiosos.
   e) as atuais configurações de família.

5. A relação teologal entre pobreza evangélica e ecologia integral considera que:
   a) o seguimento do Cristo pobre passa pela proximidade existencial com o mundo dos pobres, que, na atualidade, associam seus clamores aos clamores da Casa Comum.
   b) os maiores índices de problemas ambientais estão localizados nas realidades mais empobrecidas.

c) a VRC tem formas pastorais bastante eficazes de atuação nas questões ecológicas.

d) as comunidades consagradas, em geral, têm se mostrado bastante proativas no atendimento a situações de pobreza oriundas de catástrofes ambientais.

e) Todas as alternativas anteriores estão corretas.

Atividades de aprendizagem

Questões para reflexão

1. Com base em seu conhecimento e considerando a proximidade e a relação que você tem com religiosos e religiosas, que influências percebe da atual conjuntura de sociedade e cultura na vivência da consagração religiosa?

2. Entre os desafios apresentados, desenvolva um texto dissertativo de uma lauda sobre a relação entre a fé cristã e o cuidado com a Casa Comum.

Atividade aplicada: prática

1. À luz do convite voltado a uma ecologia integral e no testemunho de uma relação de cuidado evangélico com o planeta, a Vida Religiosa Consagrada (VRC) também tem se empenhado em testemunhar práticas sustentáveis. Sugerimos que você conheça uma dessas iniciativas, seja em relação a práticas internas das congregações/institutos/ordens, seja por meio de projetos e iniciativas idealizados/apoiados por eles, e registre suas conclusões em um texto.

6
As novas comunidades de vida

Ricardo Pereira Alves do Nascimento

Conceber a Vida Religiosa Consagrada (VRC) no mundo não requer somente um esforço intelectual ou antropológico; exige também certa simplicidade no modo de olhar e investigar. Não é uma contrarrazão, tampouco um sentimentalismo, mas a compreensão daquilo que tem força o suficiente para extrapolar, transcender e atingir a plenitude das relações: um contato direto entre o mundo e o Sagrado que habita e é todas as coisas. O que há de novo em tudo isso? É possível falar de uma "nova Vida Consagrada"?

Em sua rica e longa história, a VRC sempre se expressou como sinal imerso em seu tempo histórico. Só foi possível uma ordem mendicante no contexto medievo, regido pelo sistema econômico, político e eclesial da época. A mesma situação se aplicou aos institutos religiosos de educação fundados nos séculos XVII, XVIII e XIX. O contexto sempre implica, então, um estilo de vida que atualize o Evangelho de acordo com os sinais do mundo. As respostas dadas pela VRC manifestam a força do Espírito em sempre encontrar novas fronteiras, desafios, causas e sentidos para que o movimento originário da Criação aconteça na vida e na história da humanidade.

Num fragmento de *Assim falava Zaratustra*, Nietzsche (2006) nos faz pensar num modo de ser de Deus que é puro movimento e nos convida ao embalo dessa possibilidade não estática. Nietzsche (2006, p. 59-60) escreve: "Eu só poderia crer num Deus que soubesse dançar". Este é um Deus que se movimenta, que é presente como um dançarino pela humanidade e convida sua criação a dançar os arranjos, os compassos e as sintonias dos sinais mais íntimos de Deus, do humano e de todo o cosmos. Uma análise interessante pode ser feita com a pintura "Crucifixo de São Damião", muito presente na literatura franciscana. A pintura do século XII apresenta o Crucificado ereto sobre a Cruz, com os olhos abertos e ternos, em uma posição flutuante, como se dançasse sobre a tela, e vivo, como se apresentasse um sinal de serenidade em meio às ruínas de sua Páscoa. A arte inspirou Francisco de Assis e continua inspirando a comunidade de cristãos a perceber sua vida no jogo da criatividade. Se há um Deus que é movimento e dança, a Vida Consagrada participa desse movimento. Ela se adapta, encontra sinais, descobre carismas à luz do Espírito e sempre se atualiza nos contextos.

6.1 Um novo sopro do Espírito

Falar das novas comunidades de vida é falar do movimento mais atualizado do Espírito. *Nova*, nesse sentido, não significa "diferente", mas "atualizada", isto é, contemporânea ao momento em que vivemos. As comunidades religiosas mais antigas, como as Ordens Monásticas ou Mendicantes, não podem ser consideradas "velhas", pois também se atualizam em seu modo de existir no mundo – os estatutos, as decisões capitulares, as frentes de missão, tudo acontece de forma a preservar a origem do carisma e as características de um novo tempo. Um exemplo muito interessante, ainda seguindo o homem de Assis, é notar que Francisco escreve em uma de suas cartas que os frades "não podem andar a cavalo", pois este significa ostentação e realeza. Como atualizar essa recomendação? Percebendo as coisas que, em nosso tempo, nos levam a viver uma vida desconectada com as dores do mundo, privilegiada e sem alma. É permitido andar a cavalo, o que não é recomendado é ignorar a pobreza de seu estilo de vida. Dessa maneira, adentramos no conceito de "novas comunidades de vida'".

Em 1998, ao celebrar o Pentecostes, João Paulo II disse que a Igreja vivia uma "nova primavera", graças ao surgimento das novas comunidades e por conta das novidades advindas do Concílio Vaticano II (João Paulo II, 1998b). O Espírito suscita na humanidade o desejo de viver o Evangelho de modo específico. As comunidades de vida não são organizações não governamentais (ONGs) nem devem se comportar como um grupo de oração ou um grupo de vínculo estatuário, mas como comunidade que partilha uma experiência comum de encontro com o Sagrado. Seguindo o documento *Igreja particular, movimentos eclesiais e novas comunidades*, da Conferência Nacional dos Bispos do Brasil (CNBB), encontramos os direitos que todos os leigos têm de se engajarem em sua comunidade à luz do Batismo: todo cristão é chamado à vocação universal da santidade; é convidado a professar a fé; testemunha a comunhão com sua Igreja, com o Papa e seu bispo; é convicto na participação da vida apostólica da Igreja, na evangelização e na formação do povo; empenha-se em ser presente na sociedade, no serviço integral à vida humana.

> Os verdadeiros carismas não podem senão tender para o encontro com Cristo nos Sacramentos. As verdades eclesiais a que aderis ajudaram-vos a redescobrir a vocação baptismal, a valorizar os dons do Espírito recebidos na Confirmação, a confiar-vos à misericórdia de Deus no Sacramento da Reconciliação e a reconhecer na Eucaristia a fonte e o ápice da inteira vida cristã. E de igual modo, graças a essa forte experiência eclesial, surgiram esplêndidas famílias cristãs abertas à vida, verdadeiras "igrejas domésticas", desabrocharam muitas vocações ao sacerdócio ministerial e à vida religiosa, assim como novas formas de vida laical inspiradas nos conselhos evangélicos. Nos movimentos e nas novas comunidades aprendestes que a fé não é questão abstrata, nem vago sentimento religioso, mas vida nova em Cristo, suscitada pelo Espírito Santo. (João Paulo II, 1998c)

A promoção feita pelo laicato na Igreja é algo determinante para que as novas comunidades nasçam – algo que se iniciou com o Concílio Vaticano II, na expansão da missão dos leigos na Igreja e no interior das frentes de missão. A visão clerical para os serviços eclesiais passou a ser revista, possibilitando o entendimento sobre a importância da comunidade em geral. A maior parte da Igreja é formada majoritariamente por leigos e leigas e, pelo entendimento do Concílio Vaticano II, ampliou-se o protagonismo destes.

Nas últimas décadas, principalmente no Brasil, os grupos de oração vindos da Renovação Carismática Católica (RCC) começaram a se reunir em pequenos espaços sedes, desenvolvendo trabalhos de evangelização por meio de sua organização interna. Isso vem atraindo muitos jovens que querem consagrar sua vida, vivendo a pobreza, a castidade e a obediência na comunidade da qual participam e em seus compromissos no mundo, familiares, profissionais e sociais.

Os novos modelos de VRC podem ter referência nas crises que se enfrentaram nos modelos tradicionais da Vida Consagrada, como vimos nos capítulos anteriores. A Igreja precisou se reinventar, e novos ares chegaram para animar e preencher de sentido a vida dos povos.

Nas novas comunidades, os consagrados buscam partilhar valores comuns e encontrar respostas aos desafios do mundo. A VRC vive esse momento junto com a humanidade, que, por sua vez, também vive novos momentos. As estruturas que fundamentaram grande parte dos nossos ideais modernos, como o Estado, a Igreja, as concepções morais e de constituição de singularidades, passaram a se tornar flexíveis e dinâmicas, a ponto de nos questionarmos sobre o motivo pelo qual ainda vivemos sob tais estruturas de organização. Numa fotografia do que vivemos hoje, podemos entender um novo jeito de ser comunidade, de se sentir pertencente a algo – ela perpassa exatamente pelo sentimento de pertença –, ou seja, "o que sinto me identifica".

> Diversificação ativa, que não se reduz à do espaço geográfico, e que multiplica, até no interior da mesma complexa instituição, a Igreja católica por exemplo, as instâncias de referência identitária, os sistemas de atribuição de sentido, as famílias de espírito reagrupadas em torno de visões do mundo e *etos* institucionalizados, as etiquetas religiosas coletivas, os produtos investidos de poder espiritual consensual, por um lado. [...] Por outro lado – talvez até sobretudo – analisem-se também, no interior mesmo dessas agremiações e movimentos, as **maneiras diversas de aderir** a esses consensos, de pertencer a esses coletivos, de compartilhar dessas visões do mundo e de adotar a orientação desse *etos*; as **modalidades da crença** nesses sentidos e nesses poderes; os **modos**, exclusivos ou

> múltiplos, de **afirmar, distinguir e/ou combinar essas identidades**, seja assumindo uma posição estável, seja tateando num itinerário à procura, através de mil caminhos, de um horizonte... Níveis vários de diversidade, que se reduplicam, cruzando-se. (Sanchis, 1997, p. 28-29, grifo do original)

Há um modo cada vez mais diversificado e amplo de se viver a religiosidade. Muitos jovens não se identificam com uma pertença religiosa. Uma doutrina ou tradição religiosa não fundamenta mais suas crenças; porém, acreditam numa espiritualidade, um modo de vida que pode agregar diferentes crenças. As novas configurações religiosas da Igreja Católica se colocam diante dessas novas posturas das juventudes, ora mais aberta e acolhedora às diversidades, ora mais tradicional e ortodoxa quanto às questões morais. Dessa forma, concentraremos nossas análises no modo como as novas comunidades de VRC, primordialmente no Brasil, passam a se constituir, as fronteiras que precisam atravessar e as perspectivas delas para o presente e o futuro.

O catolicismo também participa desse movimento de amplitude no seio de sua existência no Brasil. Temos uma forte mobilização em torno das teologias da libertação, com as comunidades de base e a preferência pelos empobrecidos – muitas missões católicas em regiões complexas, como na Amazônia Brasileira, surgem desse apelo pela terra e da luta pelos direitos humanos. É forte também o movimento da RCC, cujos membros se reúnem em torno da oração e dos carismas para viverem a comunidade de forma mais espiritualizada com a linguagem sensível. Também podemos citar outros movimentos, inclusive a própria influência dos costumes mais tradicionalistas, que muitas vezes pedem o retorno de modelos ultrapassados de se viver a fé, tendo interferência pública na própria vida dos Estados e governos, com posicionamentos mais conservadores e puritanos.

Para refletir

Assim, podemos nos perguntar: Como a VRC caminha com esses movimentos? Onde ela aparece e onde ela some? O que é a VRC nesse contexto contemporâneo?

Como percebemos ao longo desse itinerário, a consagração religiosa é a profissão dos votos evangélicos de pobreza, castidade e obediência, sob a disposição de ser presença testemunhal desse mesmo Evangelho no mundo e na vida da humanidade. A VRC valoriza o laicato, fruto das eclesiologias conciliares, e reaviva um modo específico – ou carismático – de se viver o Evangelho. As novas comunidades, advindas desses movimentos mais modernos de seguimento, podem ser entendidas como VRC, assim como entendemos os primeiros religiosos, as primeiras ordens religiosas e congregações mais antigas? A resposta nos convida a entender melhor dois elementos: o primeiro se refere ao valor mesmo dessas expressões, ao significado desse novo modelo de vida no interior da história da Igreja; o segundo diz respeito ao aspecto categórico da relação entre teologia e antropologia cultural. Vamos analisar melhor esses aspectos.

No interior das novas comunidades religiosas, percebemos duas expressões com características muito comuns, mas que, ao serem estudadas, podem revelar algumas distinções: as comunidades de aliança e as comunidades de vida. As comunidades de aliança se compõem pelas pessoas que continuam a viver em suas casas, em suas profissões, mas se vinculam à comunidade e ao carisma de uma comunidade. As comunidades de vida são comunidades que vivem sob o mesmo espaço, numa dinâmica de fraternidade entre leigos, consagrados, casais e sacerdotes, promovendo juntos o compromisso comum de seguimento ao carisma. O primeiro sinal canônico de formalização dessas novas comunidades se deu em novembro de 1990, quando o Pontifício Conselho para os Leigos oficializou o movimento Catholic Fraternity of Charismatic Covenant Communities and Fellowships como Sociedade Privada de Direito Pontifício. No Brasil, a primeira oficialização de uma comunidade de vida foi a Frater, em 2008, comunidade do Monsenhor Jonas Abib.

As comunidades de vida e de aliança têm a missão de evangelizar. Sob uma nova maneira de organização eclesial, a missão central é a mesma das demais comunidades religiosas: anunciar o Evangelho e testemunhá-lo por meio de um carisma. Incorporar novos carismas é perceber a pluralidade da realidade eclesial, convidando-nos a uma hermenêutica da realidade, lendo o momento, os fatos e os horizontes de futuro e dialogando com essas novas formas de viver a fé. A dimensão pastoral da Igreja permite a renovação no Espírito das formas de evangelização e missão. É por isso que precisamos enxergar os novos movimentos e as novas comunidades de vida como uma beleza da Igreja. Fruto do momento em que vivemos, esses movimentos são respostas ante o desencantamento do mundo contemporâneo pela simbólica cristã.

As sociedades, de modo geral, significam a estrutura institucional das religiões com um novo papel, talvez menos importante para a vida e a constituição das subjetividades. Crescem as organizações desinstitucionalizadas, rompendo a relação entre pertença, crenças e práticas. Em um mundo desacreditado – e que muitas das vezes usa a religião para fins políticos mais alinhados a visões conservadoras –, querer viver em comunidade é ousado, para não dizer arriscado. Em um mundo individualista, viver em comunidade é viver uma vida radical.

As religiões históricas são diretamente envolvidas nessas mudanças globais, paradoxais e culturais, tensionando frequentemente a tradição e as novas intuições. Muitas comunidades cristãs crescem e se expressam, por exemplo, por meio da confissão subjetiva das emoções. Os espaços de oração se modificam e se tornam mais acolhedores para a manifestação das emoções: as luzes, as músicas, os efeitos visuais e os discursos apelam para uma autocompreensão. A mudança cultural que se vive na Igreja acompanha as mudanças da humanidade fundamentalmente pelas características generalizadas das pluralidades e da própria maneira de assumir a fé nos espaços pastorais, buscando-se um sentido de vida em relação com a transcendência.

O Concílio Vaticano II provocou na Igreja uma profunda reflexão sobre o modo como o Espírito age na vida dos povos, reconhecendo a jovialidade da força do Espírito e o poder de renovar todas as coisas em seus carismas. O Espírito Santo guia a Igreja (Paulo VI, 1964, LG, n. 4) na unidade e na comunhão e nos faz viver novos carismas. Podemos entender que os carismas são graças advindas do Espírito para a edificação da Igreja. Os carismas não são controláveis! Não se pode capturar quando e onde surgirá uma nova maneira de se viver a radicalidade do Evangelho – são dons universais e comunitários para se viver o mistério do Sagrado e em comunhão com a Igreja, desde as paróquias e dioceses até lugares comuns de oração. O que nos ensinam esses novos movimentos para as comunidades de fé é a necessidade de assumir novos modos de ser Igreja, principalmente na inclusão dos leigos e das leigas nos lugares estratégicos de organização, decisão e participação.

As novas práticas pastorais emergidas dos carismas da Igreja são respostas encontradas para as diversas necessidades simbólicas da contemporaneidade. As radiografias de nosso momento social revelam essa tensão presente entre a novidade e a tradição, o que podemos traduzir nas palavras de Chateaubriand (1951, p. 342, tradução nossa): "Tomamos por conspiração o que é apenas o desconforto de todos, o produto do século, a luta da antiga sociedade com a nova, o duelo da decrepitude das velhas instituições contra a energia das jovens gerações; enfim, a comparação que cada um faz do que é com o que poderia ser".

O velho e o novo se abraçam na reverência a um projeto de vida maior, mais intenso e vivificante: o de ser comunidade concreta que conduz à santidade – sinal e farol de esperança, na ação e na contemplação. Tanto os novos carismas como as formas mais tradicionais e antigas de viver a eclesiologia comunitária esboçam a catolicidade da Igreja e sua vocação à abertura e ao acolhimento das mais diversas manifestações em sua sinodalidade.

> Falta, por exemplo, nos conteúdos propostos para a formação dos afiliados, aquela criatividade de comunicar a doutrina católica em atitude de diálogo com a cultura atual, sabendo valorizar os sinais dos tempos: "seu vazio teológico-doutrinal acaba fazendo católicos não só não evangelizados, como incapazes de uma missão em diálogo com o mundo e em espírito de cooperação com outras denominações religiosas e instituições civis" (Brighenti, 2001, p. 20)

Ao analisarmos e buscarmos entender o surgimento e as condições de possibilidade para a existência das novas comunidades de vida e aliança, encontramos também alguns desafios que abarcam diversas dimensões – psicológicas, antropológicas, históricas e religiosas – e apontam para a necessidade de essas comunidades serem capazes de exercer uma profunda reflexão teológica a respeito de suas práticas na comunidade de fé e em toda a comunidade global. Como contribuir para a promoção da vida, da dignidade e da justiça? Como seguir as provocações do Papa Francisco para um novo pacto pela educação? Como contribuir com a Igreja local, com a paróquia e os contextos em que estão inseridas? As respostas cada comunidade deve buscar à luz de seu carisma e do olhar atento à realidade.

Indicações culturais

PERSÉPOLIS. Direção: Marjane Satrapi e Vincent Paronnaud. França: Diaphana Distribution; Sony Pictures Classics, 2007, 95 min.

No filme *Persépolis*, conhecemos a história de Marjane Satrapi, uma garota iraniana de 8 anos que queria salvar o mundo da maldade e da guerra. Motivados pelo início de um regime brutal no país, os pais da menina decidem que ela iria para a Áustria estudar e ter uma vida melhor. É aí que se inicia uma luta interna de adaptação e busca pela própria identidade da jovem. O filme nos ajuda a pensar a Vida Religiosa Consagrada (VRC) como um modo de vida que nos convida sempre a acolher novos desafios e, nesses desafios, buscar a compreensão daquilo que somos e que nos motiva.

Síntese

A Vida Religiosa Consagrada (VRC) está sempre em movimento e se atualiza a cada tempo, fazendo nascer carismas e formas de viver a radicalidade do Evangelho. As novas comunidades de vida, como vimos neste capítulo, são a atualização mais recente da Vida Consagrada e, como tudo o que é novo, ainda precisam ser compreendidas no seio da Igreja e pela comunidade de fé. O apóstolo Paulo nos ensina: "Acolhei-vos uns aos outros" (Rm 15,7). Trata-se de acolher como Cristo acolheu os diferentes e as diferenças. Cristo deu espaço aos pescadores, aos comerciantes, às mulheres, aos cobradores de impostos e aos militares romanos, acolhendo-os em seu amor e misericórdia. Também é assim que precisamos acolher os novos movimentos de VRC, para que haja sempre espaço para a novidade do Espírito Santo. O capítulo também buscou destacar os movimentos mais populares das novas comunidades de vida, como os pentecostais e carismáticos, de modo que não negligenciemos a autenticidade desses movimentos e não domestiquemos o frescor dessa novidade, acolhendo-a com discernimento e sempre em referência ao Evangelho e em comunhão com a Igreja.

Atividades de autoavaliação

1. O que são as novas comunidades de vida?
   a) São organizações privadas com fins lucrativos que visam à promoção de si próprias.
   b) São grupos sem pertença religiosa que se unem para a prática de ações sociais e ambientais.
   c) São comunidades monásticas nascidas nos primeiros séculos da Igreja.
   d) São novas comunidades nascidas nos séculos XX e XXI por meio da experiência carismática dos novos tempos e em comunhão com a Igreja.
   e) Nenhuma das alternativas anteriores está correta.

2. Qual é a diferença entre as comunidades de vida e as comunidades de aliança?
   a) As comunidades de aliança são compostas por pessoas que continuam a viver em suas casas, em suas profissões, mas se vinculam à comunidade e ao carisma de uma comunidade. As comunidades de vida são aquelas que vivem sob o mesmo espaço, numa dinâmica de fraternidade entre leigos, consagrados, casais e sacerdotes, promovendo juntos o compromisso comum de seguimento ao carisma.
   b) As comunidades de aliança são comunidades que vivem sob o mesmo espaço, numa dinâmica de fraternidade entre leigos, consagrados, casais e sacerdotes, promovendo juntos o compromisso comum de seguimento ao carisma. As comunidades

de vida são compostas por pessoas que continuam a viver em suas casas, em suas profissões, mas se vinculam à comunidade e ao carisma de uma comunidade.
c) Não há nenhuma diferença entre esses dois tipos de comunidades.
d) As comunidades de vida nascem de um carisma, enquanto as comunidades de aliança são os antigos movimentos presentes na Igreja desde os primeiros séculos da Vida Religiosa Consagrada (VRC).
e) As comunidades de vida são aprovadas teologicamente e legalmente pela Igreja Católica; já as comunidades de aliança não têm validade canônica.

3. De acordo com o texto, a contemporaneidade vive um momento de:
   a) valorização de todas as religiões.
   b) estaticidade e poucas mudanças.
   c) aumento do número de fiéis católicos e de consagrados.
   d) profunda crise de representações e constituição das subjetividades.
   e) paz dos conflitos armados.

4. Leia o trecho a seguir.

> Rabi, sabemos que vieste como Mestre da parte de Deus [...]. Em resposta Jesus lhe disse: "Em verdade, em verdade, te digo: quem não nascer do alto não poderá ver o Reino de Deus". Perguntou-lhe Nicodemos: "Como o homem pode nascer se já é velho? Acaso pode entrar de novo no seio de sua mãe e tornar a nascer?" Respondeu Jesus: "Em verdade, em verdade te digo: quem não nascer da água e do Espírito Santo não pode entrar no reino de Deus". (Jo 3,2-5)

De acordo com os estudos aqui realizados:
a) é impossível a conciliação entre os tradicionais modos de viver a Vida Religiosa Consagrada (VRC) e os novos movimentos e comunidades de vida.
b) é comum que haja uma comunhão de carismas e tradições cristãs nas novas comunidades de vida, agregando-se elementos e significados de diversos carismas, porém essa é uma prática invalidada canonicamente.
c) a Igreja não pode atualizar-se no tempo, pois corre o risco de perder sua essência e corromper sua tradição.
d) podemos afirmar que a grande beleza das novas comunidades de vida é a atualização do sopro do Espírito para reencontrar o lugar da VRC no mundo e nos novos desafios.
e) Todas as alternativas anteriores estão corretas.

5. Qual é a relação entre o Concílio Vaticano II e as novas comunidades de vida?
a) O Concílio Vaticano II desaprova o surgimento de novas expressões religiosas.
b) Os documentos conciliares não abrangem as dimensões do surgimento das novas comunidades de vida, pois se resumem aos aspectos litúrgicos da Igreja.
c) O Concílio Vaticano II reconhece a beleza e a jovialidade no nascimento das novas comunidades de vida e as considera como um novo fôlego do Espírito para a Igreja.
d) O Concílio Vaticano II olha paras as novas comunidades de vida com muitos receios, pois podem prejudicar as comunidades religiosas mais antigas, uma vez que é impossível a convivência mútua entre elas.
e) Todas as alternativas anteriores estão corretas.

Atividades de aprendizagem

Questão para reflexão

1. Você conhece alguma comunidade religiosa nascida sob os novos sinais dos tempos? Busque uma comunidade próxima, entreviste um de seus membros e procure saber o que o move e qual é o papel dessa comunidade no mundo de hoje. Com base nessas respostas e em sua intuição, pergunte a si mesmo: "E eu, onde posso ser comunidade?".

Atividade aplicada: prática

1. Para entender melhor a Vida Religiosa Consagrada (VRC), partindo dos novos movimentos e comunidades de vida, faça dois exercícios. O primeiro consiste em pesquisar o estatuto de pelo menos três comunidades de vida e de aliança e fazer o fichamento de suas principais características (quais são suas preferências e sua missão, como vivem a fraternidade, como vivem a aliança com a Igreja, quais suas regras, seus direitos e deveres). O segundo exercício é mais fácil e pode ser feito em qualquer momento livre e descontraído. Escute as canções feitas por essas novas comunidades e identifique suas caraterísticas primordiais (quais sensações são provocadas pelos ritmos das canções, qual é a profundidade de suas letras, quais mensagens são transmitidas).

Considerações finais

"Onde estão os religiosos, há alegria". Essa expressão recorrente na fala do Papa Francisco comunica o dinamismo identitário do ser consagrado: o chamado de Deus a esse estado de vida não é uma sentença de renúncias e privações, mas um convite à alegria verdadeira. Ao longo dos séculos, a Trindade Santa continua a realizar sua obra, suscitando, animando e conduzindo os diversos carismas no horizonte da comunhão e do amor-serviço ao Reino.

Considerando-se a participação humana nessa obra divina, expressão de resposta amorosa e doada à vocação recebida, muitas foram as iniciativas empreendidas, especialmente no período pós-conciliar, com vistas ao resgate e ao aprofundamento das intuições originárias dos carismas em diálogo proativo com a atualidade. A intenção desse percurso é a redescoberta do coração do Evangelho pulsante na vivência radical do seguimento de Jesus que cada instituto religioso trilha ao longo da história. Nessa travessia, a tarefa primordial que se apresenta é recuperar o sentido do "ser", superando a tendência de supervalorizar o "fazer". Numa ótica de que a ação é decorrente da identidade, verifica-se que "a razão da missão da Vida Religiosa Consagrada não é de ordem instrumental, mas de ordem simbólica. Não importa tanto o que ela faz, mas o que ela significa para a Igreja e para a humanidade" (Oliveira, 2013, p. 57). Essa consciência a coloca diante da contínua tarefa de conversão. "O grande desafio da Vida Religiosa Consagrada, diante do mundo contemporâneo, está na retomada da experiência fundante da vida consagrada, buscando a recuperação do encantamento e atração pelo seguimento de Jesus, que precisa estar no centro de qualquer processo de refundação" (Kearns, 2021, p. 99).

Além dos processos de renovação que as comunidades consagradas e os carismas empreenderam, percebemos o crescimento e o fortalecimento de organizações e articulações em diferentes instâncias eclesiais que buscam fortalecer essa busca de refundação. Destacamos, por exemplo, a Conferência dos Religiosos do Brasil (CRB), a Confederação Latino-Americana de Religiosos e Religiosas (Clar) e as iniciativas da Santa Sé por meio da Congregação para os Institutos de Vida Consagrada e as Sociedades de Vida Apostólica. É preciso enaltecer, igualmente, as inumeráveis experiências de amor doado a Deus e às pessoas, sobretudo aos mais empobrecidos, testemunhadas pelas também inúmeras expressões da Vida Religiosa Consagrada (VRC): relações significativas, trabalho árduo, presença cuidadora nas pobrezas existenciais e geográficas, profecia amorosa que vai do silêncio fecundo da clausura às perseguições e ao martírio pela defesa da fé e da vida. Pessoas simples, anônimas, discípulos e discípulas que, apaixonados pelo Reino, deixam tudo, inclusive a si próprios, para seguir o Mestre. Pessoas que sentem em sua própria carne a beleza e a penumbra, a bênção e as contradições da realidade que as cerca, pois "a vida religiosa é uma parte vital da Igreja e vive no mundo"

(Congregação para os Institutos de Vida Consagrada e as Sociedades de Vida Apostólica, 1994, n. 1). Pela sua inserção ativa no chão sagrado do mundo, entendem-se permanentemente aprendentes e desafiadas a assumir com coragem o fruto dos aprendizados:

> Somos convidados a ser buscadores e testemunhas de projetos do Evangelho visíveis e vitais. Homens e mulheres com fé forte, mas também com capacidade de empatia, de proximidade, de espírito criativo e criador, os quais não podem limitar o espírito e o carisma nas estruturas rígidas e no medo de abandoná-las. (Congregação para os Institutos de Vida Consagrada e as Sociedades de Vida Apostólica, 2014, p. 54)

De modo especial, nos últimos anos o Papa Francisco, que provém de uma congregação religiosa, tem sido o grande entusiasta da Vida Consagrada. As mensagens e alocuções dirigidas aos religiosos e religiosas em suas viagens apostólicas ou nos encontros no Vaticano e, em particular, as iniciativas desenvolvidas em torno da proclamação do Ano da Vida Consagrada (2015) enfatizaram a profundidade e a beleza do ser consagrado, assim como revelaram com coragem profética as exigências da consagração e os importantes processos de conversão pessoal, comunitária e institucional que precisam ser empreendidos.

De igual modo, fruto da criatividade e da fecundidade do Espírito, assistimos nas últimas décadas ao florescimento de novas formas de consagração na Igreja pela experiência das novas comunidades. Distintas das formas tradicionais e históricas da Vida Consagrada, elas são "sinais da intervenção divina" e de renovado ardor da doação de si a Deus e ao próximo, ao mesmo tempo que convocam a comunidade eclesial a um atento discernimento dos carismas (João Paulo II, 1996, VC, n. 62). No pano de fundo dessa reflexão está a necessidade de uma abordagem lúcida e aprofundada sobre os complexos cenários eclesiais da atualidade. O discernimento é o companheiro necessário da vivência cristã e condição para uma autêntica acolhida e fidelidade ao dom da vocação.

Assim, a Vida Consagrada foi e continua sendo "um caminho de especial seguimento de Cristo, para dedicar-se a ele com coração indiviso e colocar-se, como ele, a serviço de Deus e da humanidade". Para isso, assume "a forma de vida que Cristo escolheu para vir a este mundo: virginal, pobre e obediente" (Celam, 2008, DA, n. 216). Ela é obra da graça, pois sua existência "é impensável fora da experiência do mistério" (Libanio, 2005, p. 203). Essa consciência ontológica é radicada na precedência da graça de Deus que ama e, por amar, chama, convoca todos as pessoas cristãs, de modo particular aquelas que se consagram radicalmente a Ele, a se colocarem permanentemente em atitude de escuta obediente ao Espírito que quer a todo tempo fazer novas todas as coisas (Ap 21,5).

Lista de siglas

AG	*Ad Gentes*
CELAM	Conselho Episcopal Latino-Americano
CIC	Catecismo da Igreja Católica
Clar	Confederação Latino-Americana de Religiosos e Religiosas
CNBB	Conferência Nacional dos Bispos do Brasil
CRB	Conferência dos Religiosos do Brasil
DA	Documento de Aparecida
EG	*Evangelii Gaudium*
FT	*Fratelli Tutti*
GE	*Gaudete et Exsultate*
LG	*Lumem Gentium*
LOB	Leitura Orante da Bíblia

LS	*Laudato Si'*
ONG	Organização não governamental
PC	*Perfectae Caritatis*
RCC	Renovação Carismática Católica
VC	*Vita Consecrata*
VRC	Vida Religiosa Consagrada

Referências

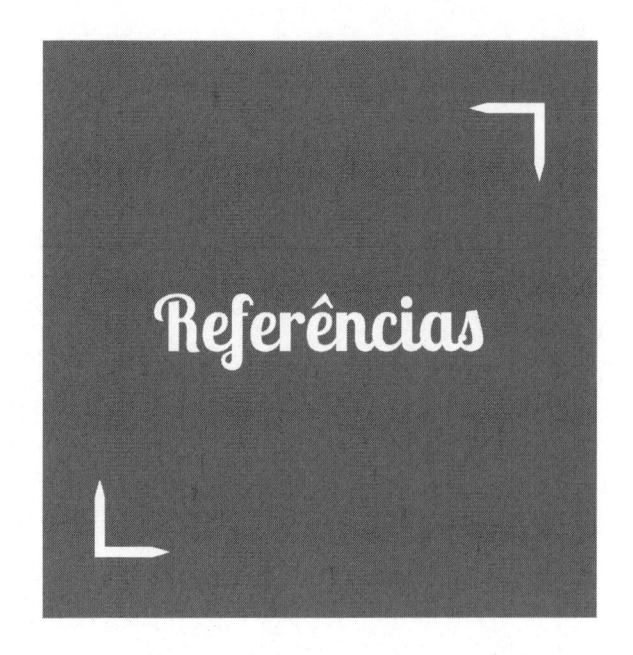

BALSAN, L. Teologia espiritual. Curitiba: InterSaberes, 2019.

BENEDICTO XVI, Papa. Homilia del Santo Padre Benedicto XVI. Vaticano, 2 feb. 2013. Disponível em: <https://www.vatican.va/content/benedict-xvi/es/homilies/2013/documents/hf_ben-xvi_hom_20130202_vita-consacrata.html>. Acesso em: 20 mar. 2023.

BENTO XVI, Papa. Deus Caritas Est: sobre o amor cristão. São Paulo: Paulinas, 2005.

BÍBLIA. Português. A Bíblia. Edição Pastoral. São Paulo: Paulus, 2014.

BRIGHENTI, A. A Igreja do futuro e o futuro da Igreja: perspectivas para a evangelização na aurora do terceiro milênio. São Paulo: Paulus, 2001.

CELAM – Conselho Episcopal Latino-Americano. Conclusões da Conferência de Puebla. Evangelização no presente e no futuro da América Latina. 13. ed. São Paulo: Paulinas, 2004.

CELAM – Conselho Episcopal Latino-Americano. Documento de Aparecida. Texto conclusivo da V Conferência Geral do Episcopado Latino-Americano e do Caribe. Brasília: Edições CNBB; São Paulo: Paulinas; Paulus, 2008.

CHATEUBRIAND, F-R. **Mémoires d'outre-tombe**. Paris: Bibliothèque de la Pléiade, 1951. Tome II.

CIC – Catecismo da Igreja Católica. 3. ed. Petrópolis: Vozes; São Paulo: Paulinas; Loyola; Ave-Maria, 1993.

CICERO. The Verrine Orations. Translated by L. H. G. Greenwood. Cambridge, MA: Harvard University Press, 1935. v. II: Against Verres.

CNBB – Conferência Nacional dos Bispos do Brasil. Cardeal Dom João Braz de Aviz diz que a palavra de ordem na VRC é renovação. **Vatican News**. Disponível em: <https://media.vaticannews.va/media/audio/s1/2019/12/30/08/135409425_F135409425.mp3>. Acesso em: 25 jan. 2023.

CNBB – Conferência Nacional dos Bispos do Brasil. **Código de Direito Canônico**. Tradução de Jésus Hortal. 24. ed. São Paulo: Loyola, 1983.

CNBB – Conferência Nacional dos Bispos do Brasil. **Igreja particular, movimentos eclesiais e novas comunidades**. Brasília: Edições CNBB, 2009. (Subsídios Doutrinais, 3).

CONGREGAÇÃO PARA OS INSTITUTOS DE VIDA CONSAGRADA E AS SOCIEDADES DE VIDA APOSTÓLICA. **A vida fraterna em comunidade**. São Paulo: Paulinas, 1994.

CONGREGAÇÃO PARA OS INSTITUTOS DE VIDA CONSAGRADA E AS SOCIEDADES DE VIDA APOSTÓLICA. **Contemplai**: aos consagrados e consagradas no encalço da beleza. São Paulo: Paulinas, 2016.

CONGREGAÇÃO PARA OS INSTITUTOS DE VIDA CONSAGRADA E AS SOCIEDADES DE VIDA APOSTÓLICA. **Partir de Cristo**: um renovado compromisso da Vida Consagrada no terceiro milênio. Instrução. São Paulo: Paulinas, 2002.

CONGREGAÇÃO PARA OS INSTITUTOS DE VIDA CONSAGRADA E AS SOCIEDADES DE VIDA APOSTÓLICA. **Prescrutai**: aos consagrados e às consagradas a caminho nos sinais de Deus. São Paulo: Paulinas, 2014.

DIOCESE DE SANTO ANDRÉ-SP. **10 ensinamentos de Madre Teresa de Calcutá**. 2016. Disponível em: <https://www.diocesesa.org.br/2016/09/05/10-ensinamentos-de-madre-teresa-de-calcuta/>. Acesso em: 10 mar. 2023.

FONTES Franciscanas e Clarianas. Tradução de Celso Márcio Teixeira et. al. Petrópolis: Vozes, 2004.

FRANCISCO, Papa. **Carta Apostólica às Pessoas Consagradas**. Vaticano, 21 nov. 2014. Disponível em: <https://www.vatican.va/content/francesco/pt/apost_letters/documents/papa-francesco_lettera-ap_20141121_lettera-consacrati.html>. Acesso em: 25 jan. 2023.

FRANCISCO, Papa. **Carta Encíclica Fratelli Tutti**: sobre a fraternidade e a amizade social. São Paulo: Paulinas, 2020a.

FRANCISCO, Papa. **Carta Encíclica Laudato Si'**: sobre o cuidado da Casa Comum. São Paulo: Paulinas, 2015.

FRANCISCO, Papa. **Discurso aos participantes no Congresso Internacional promovido pela Congregação para os Institutos de Vida Consagrada e as Sociedades de Vida Apostólica**. Roma, 4 maio 2018a. Disponível em: <https://www.vatican.va/content/francesco/pt/speeches/2018/may/documents/papa-francesco_20180504_congregazione-vitaconsacrata.html>. Acesso em: 10 mar. 2023.

FRANCISCO. Papa. **Exortação Apostólica Evangelii Gaudium**. Sobre o anúncio do Evangelho no mundo atual. São Paulo: Paulinas, 2013.

FRANCISCO. Papa. **Gaudete et Exsultate**. Roma, 19 mar. 2018b. Disponível em: <https://www.vatican.va/content/francesco/pt/apost_exhortations/documents/papa-francesco_esortazione-ap_20180319_gaudete-et-exsultate.html>. Acesso em: 10 mar. 2023.

FRANCISCO, Papa. **Mensagem de Sua Santidade Papa Francisco para o Dia Mundial das Missões de 2022**. Roma, 23 out. 2022. Disponível em: <https://www.vatican.va/content/francesco/pt/messages/missions/documents/20220106-giornata-missionaria.html>. Acesso em: 20 mar. 2023.

FRANCISCO, Papa. **Santa Missa para os consagrados – Homilia do Papa Francisco**. Vaticano, 1º fev. 2020b. Disponível em: <https://www.vatican.va/content/francesco/pt/homilies/2020/documents/papa-francesco_20200201_omelia-vitaconsacrata.html>. Acesso em: 10 mar. 2023.

GERALDO, D. As formas de Vida Consagrada como dom do Espírito Santo à Igreja. **Revista de Cultura Teológica**, v. 19, n. 74, p. 87-109, abr./jun. 2011. Disponível em: <https://revistas.pucsp.br/index.php/culturateo/article/view/15344/11460>. Acesso em: 25 jan. 2023.

GUIMARÃES, A. R. Vida religiosa: coragem de renascer. **Franciscanos**, 29 nov. 2016. Disponível em: <https://franciscanos.org.br/vidacrista/vida-religiosa-coragem-de-renascer/#gsc.tab=0>. Acesso em: 10 mar. 2023.

JOÃO PAULO II, Papa. **Discurso do Papa João Paulo II aos participantes do Congresso Mundial dos Movimentos Eclesiais**. Vaticano, 1998a. Disponível em: <https://www.vatican.va/roman_curia/pontifical_councils/laity/documents/rc_pc_laity_doc_27051998_movements-speech-hf_po.html#:~:text=Hoje%2C%20a%20todos%20v%C3%B3s%20reunidos,benef%C3%ADcio%20de%20toda%20a%20Igreja!>. Acesso em: 10 mar. 2023.

JOÃO PAULO II, Papa. **Exortação Apostólica Pós-Sinodal Vita Consecrata**. Sobre a Vida Consagrada e sua missão na Igreja e no mundo. São Paulo: Paulinas, 1996.

JOÃO PAULO II, Papa. **Homilia do Papa João Paulo II no domingo de Pentecostes**. Roma, 31 maio 1998b. Disponível em: <https://www.vatican.va/content/john-paul-ii/pt/homilies/1998/documents/hf_jp-ii_hom_31051998.html>. Acesso em: 20 mar. 2023.

JOÃO PAULO II, Papa. **Homilia do Papa João Paulo II**. Roma, 19 out. 2003. Disponível em: <https://www.vatican.va/content/john-paul-ii/pt/homilies/2003/documents/hf_jp-ii_hom_20031019_mother-theresa.html>. Acesso em: 20 mar. 2023.

JOÃO PAULO II, Papa. **Mensagem ao Congresso Internacional sobre a Vida Consagrada**. Roma, 2004. Disponível em: <https://www.vatican.va/content/john-paul-ii/pt/messages/pont_messages/2004/documents/hf_jp-ii_mes_20041126_consecrated-life.html>. Acesso em: 10 mar. 2023.

JOÃO PAULO II, Papa. **Vigília de Oração presidida pelo Papa João Paulo II durante o Encontro dos Movimentos Eclesiais e das Novas Comunidades.** Roma, 30 maio 1998c. Disponível em: <https://www.vatican.va/content/john-paul-ii/pt/speeches/1998/may/documents/hf_jp-ii_spe_19980530_riflessioni.html>. Acesso em: 10 mar. 2023.

KEARNS, L. **A Vida Consagrada após o Concílio Vaticano II.** Aparecida, SP: Santuário, 2019.

KEARNS, L. **Teologia da Obediência Religiosa.** Aparecida, SP: Santuário, 2002.

KEARNS, L. **Teologia da Vida Consagrada.** 7. ed. Aparecida, SP: Santuário, 1999.

KEARNS, L. **Teologia do Voto de Castidade.** Aparecida, SP: Santuário, 2004.

KEARNS, L. **Teologia do Voto de Pobreza.** Aparecida, SP: Santuário, 2005.

LIBANIO, J. B. Impactos da realidade sociocultural e religiosa sobre a Vida Consagrada (VC) a partir da América Latina. Busca de respostas. In: CONGRESSO INTERNACIONAL DA VIDA CONSAGRADA. **Paixão por Cristo, paixão pela humanidade.** São Paulo: Paulinas, 2005. p. 169-200.

MARTINEZ, V. La Vida Consagrada del Mañana. **Revista Theologica Xaveriana,** Bogotá, n. 148, p. 537-552, nov. 2003.

MARTINS, R. J. "O primeiro anúncio da Páscoa" é este: "É possível recomeçar sempre", afirma papa Francisco. **Pastoral da Cultura,** 4 abr. 2021. Disponível em: <https://www.snpcultura.org/o_primeiro_anuncio_da_pascoa_e_possivel_recomecar_sempre.html>. Acesso em: 5 mar. 2023.

MENSAJE del Papa Francisco para la 50 Semana Nacional para Institutos de Vida Consagrada. **Religión Digital,** 2022. 7 min. Disponível em: <https://www.youtube.com/watch?v=ROI5gWFCHjQ>. Acesso em: 25 jan. 2023.

NIETZSCHE, F. W. **Assim falava Zaratustra:** um livro para todos e para ninguém. Tradução de José Mendes de Souza. eBooksBrasil, 2006.

OLIVEIRA, J. L. M. **Viver em comunidade para a missão:** um chamado à Vida Religiosa Consagrada. São Paulo: Paulus, 2013.

PAGOLA, J, A. **Jesus:** aproximação histórica. Tradução de Gentil Avelino Titton. Petrópolis: Vozes, 2010.

PAULO VI, Papa. Ad Gentes. Roma, 7 dez. 1965a. Disponível em: <https://www.vatican.va/archive/hist_councils/ii_vatican_council/documents/vat-ii_decree_19651207_ad-gentes_po.html>. Acesso em: 10 mar. 2023.

PAULO VI, Papa. Evangelii Nuntiandi. Roma, 8 de. 1975. Disponível em: <https://www.vatican.va/content/paul-vi/pt/apost_exhortations/documents/hf_p-vi_exh_19751208_evangelii-nuntiandi.html>. Acesso em: 10 mar. 2023.

PAULO VI, Papa. Lumen Gentium. Roma, 21 nov. 1964. Disponível em: <https://www.vatican.va/archive/hist_councils/ii_vatican_council/documents/vat-ii_const_19641121_lumen-gentium_po.html>. Acesso em: 1º mar. 2023.

PAULO VI, Papa. Perfectae Caritatis. Vaticano, 28 out. 1965b. Disponível em: <https://www.vatican.va/archive/hist_councils/ii_vatican_council/documents/vat-ii_decree_19651028_perfectae-caritatis_po.html>. Acesso em: 1º mar. 2023.

PEREIRA, E. A. Trindade. Curitiba: InterSaberes, 2020.

PERSÉPOLIS. Direção: Marjane Satrapi e Vincent Paronnaud. França: Diaphana Distribution; Sony Pictures Classics, 2007. 95 min.

RASCHIETTI, E. Profissionalização, especialização e missão congregacional. In: SUSIN, L. C. (Org.). Vida Religiosa Consagrada em processo de transformação. São Paulo: Paulinas, 2015. p. 174-200.

RAUTMANN, R. "E vós, quem dizeis que eu sou?": elementos fundamentais de cristologia. Curitiba: InterSaberes, 2019.

SANCHIS, P. As religiões dos brasileiros. Horizonte – Revista de Estudos de Teologia e Ciências da Religião, Belo Horizonte, v. 1, n. 2, p. 28-43, jul./dez. 1997. Disponível em: <http://periodicos.pucminas.br/index.php/horizonte/article/view/412>. Acesso em: 10 mar. 2023.

SEMANA Laudato Si' 2021 e lançamento do Curso Nos Passos de Francisco. Farol 1817, 24 maio 2021. 70 min. Disponível em: <https://www.youtube.com/watch?v=4QHwTtXVPYE>. Acesso em: 25 jan. 2023.

VATICAN NEWS. Vida Consagrada: sinal e profecia. FFB – Família Franciscana do Brasil, 1º fev. 2020. Disponível em: <https://cffb.org.br/vida-consagrada-sinal-e-profecia/>. Acesso em: 10 mar. 2023.

Bibliografia comentada

KEARNS, L. **Teologia da Obediência Religiosa**. Aparecida, SP: Santuário, 2002.

KEARNS, L. **Teologia da Vida Consagrada**. 7. ed. Aparecida, SP: Santuário, 1999.

KEARNS, L. **Teologia do Voto de Castidade**. Aparecida, SP: Santuário, 2004.

KEARNS, L. **Teologia do Voto de Pobreza**. Aparecida, SP: Santuário, 2005.

Esse conjunto de livros que apresenta uma reflexão muito pertinente sobre a Vida Religiosa Consagrada foi escrito pelo redentorista Pe. Lourenço Kearns (*in memorian*). São quatro obras, um com foco em aspectos gerais da teologia da Vida Consagrada e três com abordagens direcionadas para a vivência dos conselhos evangélicos.

Respostas

Capítulo 1
Atividades de autoavaliação
1. d
2. a
3. e
4. c
5. c

Capítulo 2
Atividades de autoavaliação
1. c
2. c
3. d
4. b
5. d

Capítulo 3
Atividades de autoavaliação
1. d
2. b
3. d
4. c
5. d

Capítulo 4
Atividades de autoavaliação
1. c
2. a
3. b
4. c
5. a

Capítulo 5
Atividades de autoavaliação
1. d
2. e
3. b
4. e
5. a

Capítulo 6
Atividades de autoavaliação
1. d
2. a
3. d
4. d
5. c.

Sobre os autores

Ir. Raquel de Fátima Colet – Membro da Companhia das Filhas da Caridade de São Vicente de Paulo – Província de Curitiba. Doutora, mestre e bacharela em Teologia pela Pontifícia Universidade Católica do Paraná (PUCPR). Assessora provincial da Pastoral Escolar Vicentina nas instituições educacionais da Rede Vicentina de Educação. Tem como foco de estudo e atuação as áreas de teologia, com ênfase em juventude, ecumenismo, diálogo inter-religioso e pastoral escolar. Integrante do Grupo de Reflexão Ecumênica e Diálogo Inter-Religioso (Gredire), da Conferência Nacional dos Bispos do Brasil (CNBB), e do Grupo de Pesquisa Teologia, Ecumenismo e Diálogo Inter-Religioso, da Coordenação de Aperfeiçoamento de Pessoal de Nível Superior (Capes/PUCPR).

Contato: raquel_colet@hotmail.com

Ricardo Pereira Alves do Nascimento – Doutorando em Ética e Política pela Pontifícia Universidade Católica do Paraná (PUCPR) e mestre em Filosofia pela mesma instituição. Pós-graduado em Planejamento e Gestão de Negócios pela FAE Business School e graduado em Filosofia pela FAE Centro Universitário. Trabalha na Pró-Reitoria de Missão, Identidade e Extensão da PUCPR, desenvolvendo projetos de impacto social, relacionados aos temas do Pacto Educativo Global, Objetivos de Desenvolvimento Sustentável, Economia de Francisco e Clara e Interculturalidade. É membro e colaborador do Instituto Ciência e Fé (ICF) da PUCPR e participa da Escuela Laudato Si' da Fundação Pontifícia Scholas Occurrentes. No campo dos estudos, dedica-se aos temas relacionados à ética, à filosofia política e ao desenvolvimento de práticas extensionistas e comunitárias.

Contato: ricardo.n@pucpr.br

Impressão:
Agosto/2023